Cara:

Eu estos pocos momentos libres que tenés, es beneficioso tomar algunas de ellos, para la reflexión, espero que este librito de ayude.

Muchas gracias por vuestra generosidad, deseándoles muchas felicidades.

Hasta siempre

Carlos y Susy
07/09/03

EDAF
MADRID

MARY SOL OLBA

EL PODER DEL AMOR

Cómo conectar con la fuerza
universal del amor y transformar
tu vida cotidiana

EDAF / NUEVA ERA

4ª edición

Depósito legal: M. 33.093-1997
I.S.B.N.: 84-414-0207-8

PRINTED IN SPAIN   IMPRESO EN ESPAÑA

IMPRIME: IBERICA GRAFIC, S. L. - FUENLABRADA (MADRID)

DEDICATORIA

A todos los amigos especiales, conocidos y desconocidos, que desde su intención y su acción luminosa contribuyen a hacer de este mundo un lugar más habitable, más justo y más solidario.

A Victoria Muñoz, por su colaboración inefable.

Agradecimientos

Mi más profundo agradecimiento a esa «gran minoría» anónima del planeta formada por la buena gente que juega, cada cual a su manera, sobre el tablero virtual de la Cruz Cósmica del Amor para crecer internamente y abrir las puertas del mundo que viene.

A todos los que se han cruzado y se siguen cruzando por mi vida porque me enseñan constantemente, a veces desde la luz, a veces desde la sombra.

En el terreno de lo personal, quiero expresarle a Aspren mi agradecimiento por su coraje y valentía para conectar con lo mejor de sí mismo; a Leyla, por su actitud siempre alegre y positiva; a Tania, por la ternura que guarda su corazón. Y, naturalmente, he de agradecer a mi madre el que sea como es.

Gracias también a Luciano, José Antonio y Gerardo Fossati, por su siempre abierta gentileza y buena disposición.

Índice

Prólogo

El tema que se ha atrevido a afrontar Mary Sol en este libro es, en mi opinión, no sólo el más ambicioso sobre el que ha escrito hasta el momento, sino el de mayor importancia para el ser humano, especialmente en estos momentos en que todo parece arrastrarnos hacia la inercia y la enajenación, o bien hacia el egoísmo calculado y hacia la exacerbación del ego, con la ayuda de nuestro bien pertrechado intelecto. Todo ello no hace sino alejarnos de la única actitud vital que hoy tiene verdadero sentido y trascendencia: el camino del corazón. Por esta razón, al intentar presentarles este volumen, prefiero no reflexionar demasiado sobre lo que escribo, ni desvelarles el contenido del libro, sino intentar expresar lo que siento sobre el mismo y sobre su autora de forma lo más directa posible, como lo hago cuando hablo en su programa de radio **Noches de Sol.** *Y es que hay algo que suele producirse durante mis participaciones en él que, sin duda, nos trasciende a ambos, y nos arrastra en una dinámica que va mucho más allá de nuestros egos y limitaciones y nos funde en una alquimia inexplicable con la colectividad de los anónimos amigos que nos escuchan, forzándonos a entregar lo más valioso que tenemos a nuestro alcance y puede serles de alguna utilidad para surcar con mayor destreza las cada vez más agitadas olas de la crisis individual y colectiva en que vivimos inmersos, una crisis total que puede*

resultar enormemente caótica y destructiva si nos mantenemos aferrados a los viejos mecanismos y valores, pero que también nos abre las puertas a un salto de dimensiones inimaginables. Todo depende de que sepamos sacar fuerzas de nuestra humana flaqueza y convertirnos en los guerreros que la situación requiere, cuya principal arma es precisamente el Poder del Amor.

Resulta curioso que hayan sido siempre mujeres —mujeres fuertes y combativas, como lo es por naturaleza la mujer, como lo es Mary Sol—, las psiquiatras, psicólogas o sanadoras de todo tipo, quienes me han confesado su descubrimiento de que —aunque la técnica y la experiencia tuviese su importancia— lo que realmente curaba a sus pacientes era el amor.

¡Qué medicina tan milagrosa es el amor! ¡Y qué poco frecuente!... Es la medicina que hoy necesitan nuestra madre Gaia y la humanidad que acoge en su seno y que tanto la ha maltratado en su inconsciencia supuestamente racionalista. Es —como nos explica la autora de este libro— una emanación directa de la Fuente de Vida que reside en el interior de cada uno de nosotros y a la que todos podemos acceder con tal de que tengamos el valor de abrir nuestro corazón. Y estoy firmemente convencido de que esta obra nos ayudará a hacerlo.

ENRIQUE DE VICENTE

Introducción

1

EL camino del buscador espiritual es único e irrepetible. No se puede ajustar a moldes ni patrones establecidos.

Sólo hay un Camino, y sin embargo, cada cual debe encontrar **su camino**.

Sucede lo mismo que con la vida de cada uno; todos vivimos, aunque cada uno lo hace de forma diferente.

La vida es una, pero cada existencia individual se desarrolla en lo que percibimos como una fracción de realidad distinta.

El común denominador es que a todos nos ha llegado la invitación para participar activamente en el milagro de vivir.

Muy pocos saben valorarlo, quizá porque esté envuelto en los velos brumosos del devenir cotidiano, y parece que la capacidad de percibir los milagros sólo surge en el marco de lo extraordinario, lo que está más allá de lo de todos los días.

Decía Ralph Waldo Emerson que si las estrellas aparecieran una vez cada cien años, el hombre sí creería en los milagros.

Es en el día a día donde se encuentra el germen de todo y del **Todo**; sólo en lo cotidiano podemos encontrar el sentido de la vida, porque ahí está nuestro campo de acción, y ahí están también las oportunidades de ampliar los límites de nuestra estrecha realidad.

Para convertir en luz permanente cada uno de los instantes luminosos que encienden y expanden la conciencia.

Para diluir el mundo que hemos construido y recuperar nuestra auténtica naturaleza de seres espirituales, perdidos en un largo y sinuoso recorrido sin memoria.

Vivir es la oportunidad de recordar cúal es el camino de regreso hacia nuestro origen.

El que no valora la vida, no se la merece.

Quien no aprecia este regalo, se niega a sí mismo el derecho a disfrutarlo.

Y todo lo ve oscuro, tedioso, lleno de trampas, de dolor y de esfuerzo estéril.

De idéntica forma construye el mundo y su propia vida. Y de esta forma, las experiencias por las que pasa se mueven en esa franja de realidad sombría.

Más que caminar, repta por el tablero de este gran juego cósmico, donde *cada jugador es el juego*. Esto es lo que le da a la vida su misterio y su riesgo y la llena de interrogantes, cuya respuesta sólo uno mismo puede encontrar.

Para cada uno es diferente, como diferente es siempre el agua que se desliza por el cauce de un río.

Podemos elegir entre vivir o ser vividos.

La gran mayoría sucumbe al sueño hipnótico y se deja succionar por esa densa fuerza de gravedad que algunos llaman inercia y que los mantiene dormidos, inmovilizados y encadenados a la pesada maquinaria del *samsara* o rueda de la vida, como le llaman los hindúes.

La **gran minoría** intuye que puede liberarse y elige buscar todo aquello que le ayude a despertar.

Si te encuentras dentro de esta gran minoría, si te sabes y te reconoces buscador, no olvides que formas parte de la esperanza de la Humanidad, porque cada porción de conciencia que incorpores a tu vida es una aportación de valor incalculable para incrementar la luz colectiva que, ahora más que nunca, todos necesitamos.

Son éstos tiempos especiales. Tiempos de búsqueda, pero también de encuentro.

El encuentro con el Poder del Amor es un punto del camino adonde, tarde o temprano, todo buscador espiritual tiene que llegar.

Cada cual elige el recorrido y se mueve por sus propios pasos, comete sus propios errores y aprende de ellos. No se trata de seguir a nada ni a nadie, porque sin libertad no hay avance real.

Este libro es una propuesta más, que quizá resulte de utilidad para alguien; sólo así tendrá un sentido.

Con los lectores amigos, quien esto escribe ha compartido dos etapas del mismo viaje; dos puntos del recorrido, que, aunque personales y particulares, han resultado ser de muchos y para muchos.

El primero de ellos está resumido en LA SUERTE ESTÁ EN TI; una pequeña guía para encontrar en cada momento la actitud interior adecuada para ponernos a favor de la búsqueda de la Verdad y no en su contra. La suerte no es un azar caprichoso, sino un talante interior que permite acompasarse con lo que nos sucede.

El segundo, con el título de LUZ EN LO OSCURO, nos sitúa en las esferas del miedo y de la libertad. Es una invitación, bajo la forma de sugerencias prácticas, para transformar la oscuridad de los miedos personales en la luz de la conciencia y del Amor.

Estas dos obras representan dos etapas simbólicas: en la primera, una vez ampliada la perspectiva sobre los aconteceres, la realidad se hace más plena; surge el reconocimiento de las claves que antes nos pasaban desapercibidas. En la segunda etapa, el buscador se encuentra frente a sus demonios internos, los que alguna vez creó, y observa cómo le bloquean el camino. Son los servidores del miedo y su cohorte de sombras que paralizan y distorsionan. Se hace consciente de la eterna lucha entre la luz y la oscuridad, y toma posiciones desde su propia vida, desde su propia experiencia. Comprueba que es posible recobrar parcelas de libertad interior en la medida en que pone luz en lo que siempre estuvo a oscuras. Recordemos que la información, en su sentido más trascendente, es luz.

La suma de estos dos trabajos, de estas dos etapas simbólicas que hemos recorrido hasta ahora, sólo podía tener un resultado:

- Situarnos en la dimensión donde el Amor deja sentir su poderosa pero sutil presencia.
- Salir a su encuentro.
- Permitir que aflore de nuestro interior.
- Crear una conexión fuerte y real allí donde el Amor se manifiesta.

Y no es un lugar especial, reservado sólo a unos pocos. Ni mucho menos. Está en cualquier parte, en cualquier lugar. Sólo hay que vibrar en su misma frecuencia para poder reconocerlo, para poder detectarlo... y entonces se produce el reconocimiento, fuerte y exacto, real y poderoso.

El punto de partida siempre es uno mismo. Desde ahí se puede trazar la **cruz cósmica,** de la que hablaremos más adelante, y que nos devuelve a nuestra auténtica naturaleza y nos permite dar el salto evolutivo. Cuatro dimensiones conjugadas que abren las puertas del infinito, a través del propio corazón, que actúa como receptor y emisor a la vez.

Para conseguirlo, contamos con el mejor aliado: el Poder del Amor.

Está en todo... y en nada en especial.

El reto ahora está en encontrarlo sin necesidad de salir en su búsqueda. Esto es, sin hacer ningún cambio exterior en nuestra vida. Como dice el Tao, al camino no hay que buscarlo lejos, porque siempre está a nuestros pies.

El miedo es una traba para reconocer su presencia, y una actitud interior negativa impide que la conexión se establezca.

De cómo conectar con este poder, de cómo reconocerlo y, sobre todo, de cómo integrarlo hasta que forme parte de nuestra vida, trata este libro.

Ojalá que la intención con que está escrito vaya acompañada de la suficiente lucidez como para que configure algo útil, y sobre todo real.

🍂 *Breve manual de instrucciones*

2

DECÍAMOS en la introducción que la vida es un regalo. Sí, pero como todo regalo, ¿de qué nos sirve si no le quitamos el papel que lo envuelve? ¿Cómo lo vamos a ver mientras esté tapado?

Cuando uno decide adentrarse en su realidad más sutil, sentimos muchas veces que vamos a ciegas. Nadie nos ha enseñado ni nos ha cogido de la mano para transitar por los caminos del espíritu.

Éste es el reto que todo verdadero aprendizaje conlleva. Que cada cual debe aprender, por sí mismo, a descubrir la manifestación de lo Real tras los múltiples velos con que se pretende ocultarlo.

En tono de humor se dice muchas veces que nos mandan a esta vida sin manual de instrucciones, sin saber con lo que nos vamos a encontrar, y sin que nadie nos explique por dónde discurre el guión que se va escribiendo al vivir.

Como modestísima aportación, por lo menos en lo que concierne a este libro, sí se ofrece información previa de lo que se puede encontrar el lector si decide adentrarse en sus páginas.

Este breve manual de instrucciones pretende ser una orientación para sacarle el mayor partido posible a la lectura. De hecho, a lo que se aspira es a que no sólo sea «lectura», sino que incite a la práctica, al descubrimiento, al levantamiento de los velos del «maya», a la disolución de los espejismos... pero a partir de lo más sencillo: las vivencias personales ordinarias.

Para ello, se hilvanan historias reales, anécdotas y cuentos intemporales. Lo que se ofrece es un mosaico donde las piezas se unen con la ayuda inestimable del humor (¡qué parecida resulta la pronunciación de esta palabra con «amor»!), en un intento de recuperar el sentido lúdico de la vida.

Trataremos de reemplazar un modo complicado de ver las cosas, por algo mucho más simple, más acompasado, más acorde con el ritmo natural de la existencia.

Al Amor se le encuentra en la flexibilidad, en la inocencia, en la frescura.

Está tras la sonrisa, en el instante de comprensión capaz de transmutar un momento de intolerancia, en la flor que crece en la cuneta llena de desperdicios. Se le encuentra, si se sabe buscar, en una situación de crisis, en un momento de angustia, en la más desesperada soledad. Está detrás de las paradojas, de lo aparentemente inútil; crece a la sombra del árbol que cobija el corazón de los que se saben eternos niños, bajo su envoltura de adultos pensantes, capacitados para manipular y, por tanto, fácilmente manipulables.

Desde las páginas surgen frecuentes guiños al lector; se busca su complicidad en cada instante. La participación es imprescindible, al igual que sucede en una amena conversación entre amigos.

Cada uno de los capítulos orbita, como una diminuta estrella, en torno a su sol central: el Amor, al que se le sigue la pista en toda clase de situaciones. Para ayudarnos a comprender que su presencia está siempre con nosotros, pero que nos cuesta reconocerla fuera del amor fácil que se profesa a los seres queridos, o del amor-pasión que surge de la atracción entre sexos.

Modo de uso Este libro se puede leer de principio a fin (lo que ya es mucho, porque significaría que el interés se mantiene) o abriéndolo al azar; cada cual puede encontrar su propia manera, la que mejor le sirva para realizar el propósito de **desvelar, integrar y experimentar.**

Está concebido para ser una fuente de ideas y de inspiración, para ayudarte a reconocer la presencia del poder del Amor en cualquiera de las situaciones por las que atravieses, sean éstas las que sean. Y por ello el texto contiene multitud de eslabones, de trampolines para lanzarse hacia la conexión y el encuentro; pero no olvidemos que el valor de un trampolín es cero si no hay una persona que dé el salto sobre él.

Siguiendo el hilo de Ariadna que nos conduce a través de las páginas, tenemos siempre una pista paralela entre el laberinto de la vida de cada uno y el aquí formado por sencillos y cotidianos relatos, que se entretejen con reflexiones y propuestas. Está hecho para que cada uno trabaje en el telar de su vida y sepa disfrutar con la belleza de los hilos que se cruzan en ella hasta formar un tejido vivo y luminoso.

La posible utilidad de estas páginas reside en su capacidad para estimular la acción directa. No se trata de hacer propio lo que aquí se narra, sino de utilizarlo como motivación. Lo que se cuenta, en sí, no es nada. De nada vale el interruptor de la luz si no se pulsa.

Las cajas hay que abrirlas para saber lo que tienen dentro, y cada uno debe ir quitando envolturas y embalajes inútiles si quiere saber lo que hay adentro de cada situación, de cada momento, por insignificante que parezca.

Se trata de ir atisbando con sutileza para percibir los destellos del poder del Amor, que de otra forma permanece oculto a la mirada superficial.

Como ayuda, sugerimos la posibilidad de comenzar un diario, o cuando menos, de reservar un cuaderno para las anotaciones personales que se decida hacer de forma regular.

Escribir sobre un papel aquello que queremos destacar de lo sucedido en un día, es un excelente ejercicio para reflexionar, para tomar distancia y fijar mejor esos contenidos que, por su naturaleza sutil, de otro modo se nos escaparían por las rendijas de la memoria.

Y no solamente de lo que sucede en el presente: el pasado, con toda su carga de recuerdos buenos y malos, es también un lugar adecuado para repescar situaciones y vivencias que pueden aportar luz sobre el momento actual. De hecho, el armario cerrado del pasado es un espacio propicio al que se puede ir con la intención de reordenar su contenido, de situarlo bajo la luz de la conciencia... para poder borrarlo después y desprenderse de él. Igual hace un árbol cuando sus frutos están maduros: los deja caer.

Lo malo del pasado es cuando nos lastra el presente y proyecta sobre él una continua sombra que nos impide vivirlo.

Algunas técnicas de introspección proponen el rememorar, como si de una moviola mental se tratase, escenas del pasado cargadas de intensidad e imaginarlas como nos hubiera gustado que fuesen. Pero, atención, siempre desde una actuación personal correcta. El guión mental se reescribe viéndose hacer lo que uno sabe que debió hacer y que no hizo.

Vivir estas escenas con toda la intensidad, pero acompañada de la conciencia de la distancia, es una oportunidad para saldar viejas deudas con uno mismo y liberarse de la culpa. Para perdonarse a uno mismo y a los demás. Para reconciliarse con lo que ya pasó.

Es una forma de borrar el pasado, que, una vez comprendido, se diluye, listo para dejar paso a nuevas experiencias.

Escribir a diario puede ser sustituido por una reflexión antes de dormir, repasando todo lo que hemos hecho a lo largo del día.

Como decía Francisco de Asís, el objetivo es conseguir claridad para cambiar lo que puede ser cambiado, aceptar lo que no puede serlo y tener el suficiente discernimiento como para distinguir lo uno de lo otro.

La mejor manera de liberarse de los sentimientos dolorosos es expresándolos, y hacerlo en la intimidad que da una página en blanco es una buena forma de deshacer los nudos que, con el tiempo y la inercia que incita a mantenerlos tapados, pueden llegar a convertirse en auténticas trampas.

Pero la propuesta de llevar un cuaderno personal de anotaciones no debe limitarse sólo al pasado; también el futuro tiene su espacio, como una diminuta semilla que encierra la promesa de su crecimiento y desarrollo.

Escribir sobre lo que deseamos hacer, visualizándolo al mismo tiempo con todo lujo de detalles, hasta que la escena quede bien grabada, es una sencilla técnica que utilizan muchas personas en el mundo, incluidos los deportistas de elite, y que garantiza unos buenos resultados, sobre todo en lo que concierne a la seguridad y la confianza en uno mismo.

Este juego entre pasado y futuro sólo tiene sentido si tenemos bien clara la idea de que el presente es lo único que existe.

Y que la proyección consciente hacia atrás o hacia delante debe hacerse con conciencia de enriquecer el presente, de descubrir y disfrutar de todo lo que está contenido en el ahora, que, a fin de cuentas, es lo único real.

Por último, ese cuaderno de notas puede servir para ampliar los apuntes tomados en el transcurso de la lectura de este libro.

Seguro que de la percepción del lector surgen ideas, paralelismos, reflexiones e inspiraciones que ponen en marcha un poderoso potencial para descubrir, en su propia vida, aspectos y matices insospechados que se revelan con toda su increíble riqueza.

Reservamos también un espacio en blanco al final de cada capítulo para las «Notas Personales», donde cada uno puede anotar sus propias pistas, las que le sugiera lo leído. Insistimos en la necesidad de ampliar contenidos en un cuaderno paralelo, en el que lo de menos es el estilo y la redacción coherente. Escribir para uno mismo permite reducir la expresión al mínimo, ahorrar palabras y, a veces, unas cuantas frases cargadas de contenido son más que suficientes para expresar lo que se desea... lo que garantiza su confidencialidad, ya que lo más seguro es que nadie ajeno pueda comprenderlo.

Advertencia importante

En este libro no se habla de los «amores» que, como decía Ortega y Gasset, son las historias más o menos accidentadas que acontecen entre hombres y mujeres.

Tampoco nos ocuparemos del «hamor», término inventado para denominar, de una forma gráfica y rápida, la emocionalidad barata y todo lo que se incluye en «lo sentimental».

La decisión de escribir siempre con mayúscula la palabra Amor, no es gratuita. Sirve para saber siempre a qué nos referimos, porque desgraciadamente pocos términos han sido tan manipulados, vapuleados y prostituidos como éste.

Amor es una fuerza universal que no permite ser encerrada en definiciones. La intuimos como la manifestación de una ley cósmica, que mantiene la armonía de los universos y hace cumplir las etapas del Plan divino, cuyas dimensiones se nos escapan, porque nunca la parte puede comprender al Todo.

En este Plan desconocido, fraguado en el tiempo sin tiempo, estamos incluidos todos los que ahora mismo vivimos en lo que se conoce como planeta Tierra.

Distintas procedencias, distintos puntos de origen, pero un destino y una tarea común: lograr que la Humanidad suba un peldaño más en la escala evolutiva. Cruzar ese umbral es la enorme oportunidad colectiva que ahora, en nuestro tiempo humano, se nos ofrece. El paso hacia otras dimensiones del ser sólo será posible si la **gran minoría** es capaz de romper las cadenas y abre la puerta para sí y para que otros también la crucen. Volveremos sobre esto más adelante, porque el poder del Amor es quien nos ofrece ese pasaporte.

Es el momento de que se cumpla la *promesa* hecha al ser humano y el Amor es el encargado de realizarla.

Su presencia es una emanación directa de la Fuente de la vida que se ha derramado por los mundos.

Amor es una denominación de la sustancia original con la que fuimos creados. La chispa divina que reside en el interior de cada uno de nosotros está formada por el Amor.

Amor es la expresión de Algo casi desconocido.

Lo hemos convertido en la gran paradoja: nos acompaña desde que comenzó el primer ciclo vital sobre el planeta Tierra y apenas lo conocemos realmente.

Su idea está presente en todas las partes del globo y en todos los tiempos; se le nombra constantemente, y es referencia obligada en todas las culturas. Constituye el trasfondo de las grandes obras de la literatura mundial, y es el protagonista discreto que ha marcado el curso de la historia.

Nunca un creador ha podido eludir su influencia, y no existe ninguna gran obra cuya existencia no esté ligada, de una u otra manera, a la esfera del Amor. Toda creación es un acto de Amor en su origen.

En lo individual, es el eje sobre el que pivotan millones y millones de vidas humanas, porque siquiera en unos instantes, todas las personas perciben su destello. Hasta en la vida más embrutecida existen algunos momentos iluminados con una chispa de Amor.

Ha sido nombrado millones y millones de veces. A lo largo del tiempo, la palabra «amor» seguramente habrá sido empleada en mayor número que la cifra astronómica de estrellas que forman nuestra galaxia.

Y seguimos sin ponernos de acuerdo y sin conocer en profundidad lo que es Amor. Lo confundimos constantemente con otras cosas, y la mayoría carece de pudor a la hora de llamar así a muchas sensaciones que nada tienen que ver.

Se hacen del Amor copias falsas, falsificaciones grotescas, imitaciones vulgares. No merece la pena conformarse con estos sucedáneos.

Al Amor no se llega por el pensamiento intelectual ni por la razón; pero tampoco a través de los apegos y los «ego-ismos» que llevan aparejadas ciertas emociones y sentimientos nacidos del ego.

El Amor es una experiencia. Hablar de él es imposible; sólo existe un pequeño acceso a través de la poesía, las metáforas o la analogía. Caminos todos muy sutiles que precisan de la resonancia en el interlocutor y de su evocación personal para que sean útiles y cumplan su cometido. Para recorrerlos hay que disfrutarlos, vivirlos con alegría y no pensarlos demasiado, porque al Amor, igual que a Dios, no se le puede pensar, como decía San Anselmo.

Por todo esto, y por mucho más que iremos descubriento, Amor sólo se puede escribir con mayúscula, en señal de respeto con lo desconocido... que deseamos empezar a reconocer.

Puesta en marcha

Tiene que existir una motivación para que algo se encienda. Lo mismo da que se trate de un coche, una puesta de sol, un ordenador, una cosecha, el vuelo de un pájaro o la lectura de un simple libro. Todo se enciende, se prende, se pone en movimiento para cumplir con la función para la que fue creado.

Y cualquier manual de instrucciones que se precie incluye este apartado, porque de nada valen los argumentos y las explicaciones si lo que queremos que funcione no se enciende y no sirve para nada.

En los circuitos del Amor, está claro que el botón sólo lo puede apretar uno mismo, pero quizá se active esa puesta en marcha si comprendemos mejor por qué y para qué lo hacemos.

Teilhard de Chardin decía que el día en que lleguemos a dominar para Dios las energías del amor, en la historia del mundo, por segunda vez, se habrá descubierto el fuego.

Entraríamos en lo que él llamaba «noosfera» o esfera del conocimiento.

Quizá ese día no esté muy lejano.

Y quizá salgamos de las cavernas del ego, igual que los cavernícolas salieron de sus cuevas cuando encontraron y aprendieron a trabajar con la energía del fuego. Se produjo entonces un cambio trascendental y definitivo para la especie humana.

Otro gran cambio está anunciado.

La aceleración a nivel planetario se está produciendo. La frecuencia de vibración se intensifica. El nacimiento de un nuevo ser más que humano se acerca.

Algo se está revelando.

La puerta hacia otras dimensiones está abriéndose. La bisagra que posibilita este movimiento es doble: está dentro y fuera, simultáneamente.

La espiral de la cadena genética está conectándose y dando lugar a un nuevo génesis. En ella está contenido el gérmen de lo que podemos llegar a ser, si se cumple el proceso de completamiento.

Este ajuste del prototipo humano es lo que nos permitirá acceder a otros planos más elevados y trascender nuestros actuales niveles físicos, mentales y espirituales.

El proceso está contenido en nuestra propia naturaleza: tiende a crecer hacia la luz, hacia la apertura de nuevos niveles de conciencia. Para completarse, como se completan los brotes con hojas que crecen hacia el sol, en su camino para convertirse en árboles.

Desde la intuición (¿o quizá desde el recuerdo?) se presiente que el impacto será fortísimo, de incalculable trascendencia.

Pero todo esto pertenece al apartado de las creencias personales, y, por lo tanto, sólo tiene valor para uno mismo.

Porque uno es quien experimenta desde sus propias coordenadas internas. Si pretende comunicarlo, debe pasar la percepción por el grueso cedazo del pensamiento, y en esa tosca rejilla se queda toda la esencia. El resto no vale nada, y es precisamente sobre este residuo donde la mente comienza a interpretar y a traducir; nada que hacer, porque no queda nada real. Se evaporó como el aroma de una rosa marchita.

Dejarse llevar por la creencia de que «la propia interpretación es lo auténtico», es reservarse una plaza de primera en el tren del fanatismo y la importancia personal; con este tren se emprende el recorrido hacia el delirio y la fabulación. Ahora mismo circula con los vagones llenos.

En italiano hay un juego de palabras que equipara al traductor con un traidor. Los «traductores» de este tipo colaboran —a veces sin darse cuenta— en la tarea de la oscuridad, que se centra en la confusión y la distorsión. Ése es su campo de operaciones favorito, y cada vez se apuntan más voluntarios para la tarea. Son los traidores a la Verdad, que, precisamente por serlo, no admite monopolios.

Sólo desde el silencio propio se puede percibir la alta vibración transformadora que se está produciendo.

Para rozar con la antena de la percepción lo que **ES** hay que dejar a un lado todo, incluidas las palabras.

Por tanto, silencio. El silencio es el aliado que jamás traiciona, dijo Confucio.

Nos mantiene en la inocencia. Lo saben, sin saberlo, los niños muy pequeños, cuando callan y el recuerdo parece que se asoma por las ventanas abiertas al infinito que son sus ojos.

En nuestro ADN seguro que está contenida la semilla de la inocencia.

Recuperarla es permitir que la conexión con el Amor se establezca.

Ella realiza el prodigio de religarse con ese Poder que siempre nos ha acompañado pero que ahora nos anima a descubrir que, desde lo humano, es posible emprender el viaje a las estrellas.

NOTAS PERSONALES

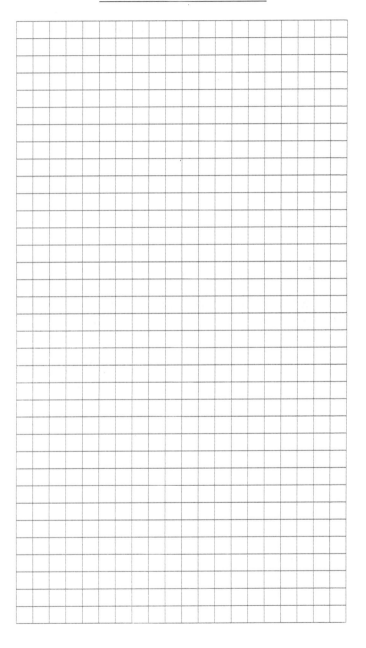

Montar en bicicleta

3

EL viaje interior que nos conecta con el poder del Amor puede comenzar en cualquier instante, incluso ahora mismo.

No hay que hacer nada especial ni aprender nada nuevo. Solamente recuperar un conocimiento que está impreso en nosotros mismos: el Amor nos ha creado y estamos unidos a Él. Somos parte suya. Pero lo hemos olvidado. Recobrar nuestra verdadera naturaleza y hacerla consciente es lo que permitirá que se incorpore a nuestra vida cotidiana. Ahí se produce la entrada en lo real.

Algo tan sencillo se nos presenta como extraordinariamente complejo. Y lo es, porque nos extraviamos constantemente por los laberintos oscuros del desamor.

Pero siempre está encendida en nuestro interior la luz que nos recuerda quiénes somos. Cuando éramos niños, esta luz brillaba con fuerza, pero al crecer se ha ido cubriendo por velos y más velos que la ocultan. Sucede lo mismo cuando un adulto que hace años que no monta en bicicleta decide hacerlo. Montar en bicicleta tiene mucho que ver con la forma que elegimos internarnos por los caminos del espíritu para reencontrar el poder del Amor: podemos elegir la flexibilidad, y dejarnos llevar por el conocimiento impreso en nosotros, abandonándonos a él con confianza, o podemos optar por la rigidez, sintiendo miedo y preocupándonos por una posible caída.

Los niños pequeños tienen el secreto. Volverse niño es reactivar la inocencia, y no hay fuerza más poderosa que un corazón inocente acompañado de la experiencia del adulto.

Es en el corazón donde brilla la estrella de nuestro destino.

Si de pequeño aprendiste a montar en bici, ahora también sabes, por más años que hayan pasado. Puedes probarlo cuando quieras, y te sorprenderá lo rápido que se recupera ese conocimiento que está almacenado en la unidad mente-cuerpo; se grabó perfectamente y sólo hay que entrenarse un poco para activarlo.

Montar en bicicleta puede relacionarse con el zen y con alguna de las artes marciales superiores, las que trascienden el concepto de «triunfo-derrota», porque en realidad son artes espirituales. Como el aikido, que en su sentido más elevado busca lograr la armonía con el movimiento del Universo, en concordar con él.

En estas prácticas están contenidas las claves más importantes del arte de vivir, entre ellas **la no resistencia**, quizá el mejor exponente de la ética suprema que nos conecta con el Amor... Algo que además funciona, y que se comprueba fácilmente, por ejemplo, subiéndose a una bicicleta; si no hay resistencia, se recupera la armonía espontánea de los movimientos, acompasándose con ellos.

Estamos acostumbrados a asociar *inteligencia* con *capacidad razonadora.* Empezamos a descubrir (y a nombrar) que en nosotros también existe una forma de *inteligencia emocional,* que podemos llamar *inteligencia del corazón.* Si ponemos atención en lo que sucede en este ámbito interno, veremos que suceden cosas sorprendentes: «Si el corazón es abierto y puro, no hay lugar por donde pueda penetrar el mal; y en el nivel más profundo, el amor y la voluntad son una misma cosa.»

En distintos grados, esto resulta tan válido para una bicicleta material o metafórica: las dos se accionan igual, aunque estén construidas con distintos materiales: la primera, con manillar de metal, ruedas de goma y pistones de acero. La segunda, con la intangible sustancia de que está compuesta la vida. Para montar en cualquiera de estas dos bicletas no hace falta pensar: se espera de ellas que avancen, movidas por una perfecta armonía de movimientos que saben guardar el equilibrio entre sí, y eso es lo que hacen, sin más discursos.

Lo que ocurre es que tenemos un montón de conocimientos adquiridos, de prejuicios acumulados, de creencias y tópicos sobre cómo es la realidad, que suelen constituir un pesado lastre, unas maletas demasiado llenas como para poder movernos con soltura y disfrutar del paseo, sea éste por cualquier camino de tierra o por los más sutiles caminos del alma, cuando se decide salir al encuentro del poder del Amor.

Montar en bicicleta, sobre todo si uno ha perdido la costumbre, tiene mucho que ver con el **desaprender**, el **fluir** y el **dejarse ir,** no por la apatía, sino desde la seguridad y la confianza.

Pero un adulto que no hace ejercicio y que no ha montado en bici durante muchos, muchos años, tiene bastantes argumentos en contra, y un sinfín de prevenciones para utilizarla.

Piensa que se puede caer; que hará el ridículo nada más montarse; que no podrá mantener el equilibrio. Y algo de razón hay tras estas vacilaciones y dudas que intentan disuadirlo, porque, si se decide a hacerlo, lo más seguro es que el miedo le trabe los movimientos y el avance se haga de forma vacilante... si es que tiene suerte y no da con sus huesos en el suelo.

Todos estos argumentos son más que suficientes para que una persona mayor, sensata y cuerda, no se arriesgue ante una insignificancia como es el encaramarse o no sobre una bicicleta.

Nada importante, se dice, y pasa a otra cosa más seria.

Claro que depende de la motivación que haya detrás. Si se trata de una invitación sin trascendencia, seguro que la rechazamos. Pero si algo muy importante hay que hacer, como, por ejemplo, llegar cuanto antes al punto del camino rural donde alguien muy querido nos aguarda con urgencia, las cosas cambian.

Ese hombre o mujer desentrenado, sencillamente, no lo piensa: sube y se pone a pedalear para llegar cuanto antes. La necesidad es una de las claves que han permitido a los seres humanos hacer muchas cosas.

Hay otras pulsiones más sutiles, pero eso pertenece a una etapa humana que todavía está por estrenar.

Iremos tanteando por ese terreno cada vez menos desconocido a través de este libro que, ya irás comprobándolo, es una invitación contante a entrar en esa otra fase del juego.

Pasadizos entre el cuerpo y el alma

Vamos ahora a centrarnos en las bicis fabricadas en serie y en ese prototipo de adulto que, movido por la necesidad y la urgencia inesperada, se encuentra enfrentado a sus temores y a sus razonamientos, sale ganador porque consigue dejarlos atrás, y toma la decisión de ponerse a pedalear. Llegado a este punto, ni siquiera se plantea que puede estrellarse contra un árbol, y lo más probable es que no le importe demasiado un chichón o una rodilla despellejada, porque sabe que todo eso son pequeñeces sin importancia comparada con la necesidad real de llegar, cuanto antes, al lugar donde le aguardan. En realidad, es que no le da tiempo a pensar en ello, porque su atención se ha quedado fijado en otra cosa.

Eso es lo que le pasó a un padre que fue a visitar a su hija de trece años al campamento de verano donde pasaba sus vacaciones escolares. Hacía un par de años que se había divorciado, y las relaciones con su hija se limitaban a un intento de convivencia los fines de semana alternos en que le tocaba recogerla.

Pizzas pedidas por teléfono, poca conversación y casi nada de diálogo auténtico. Cómo te va en el colegio, cómprame unas zapatillas de deporte nuevas, qué tal con tus amigas, espero que tengas helado en la nevera. La comunicación se movía en el área de este tipo de cosas, como una batidora de varilla remueve siempre con idéntica y aburrida precisión, el mismo batido dentro del mismo vaso.

Pero debajo del cartón pringoso de la caja de pizza, abandonado sobre la mesa del salón, había un gran amor que no sabía cómo aflorar, cómo ser expresado.

—El fin de semana que viene ya sabes que me voy al campamento —le dijo la niña, utilizando la pausa reglamentaria para hablar que conceden los anuncios de la tele.

—No puedo acompañarte, pero, si quieres, el domingo siguiente iré a verte —respondió el padre—. Y te llevaré tus zapatillas de deporte nuevas, para que las estrenes subiendo por las laderas de los bosques.

Allí estaba el día convenido. A la puerta de la casona de piedra, enclavada en el paisaje duro y hermoso de las montañas asturianas.

Pero las niñas habían salido de acampada y en el albergue sólo estaba el cocinero. Un montañés de pocas palabras, grande y firme como el entorno, quien le informó que el grupo volvería al día siguiente, después de pasar la noche al aire libre.

—Es una lástima —dijo el padre—. Me hubiera gustado ver a la niña, pero tengo que volver a la ciudad hoy mismo. No había pensado quedarme hasta mañana, porque tengo mucho trabajo pendiente en la oficina.

Ya iba a despedirse y a volver por donde había venido, cuando sonó una llamada en la pequeña emisora de radioaficionado que estaba en el albergue, y que su interlocutor fue a atender, después invitarle a que le siguiera.

Era la monitora quien llamaba. Una de las niñas había tenido un pequeño accidente. Cosa de nada, apenas una hemorragia nasal bastante fuerte y un desvanecimiento por la pérdida de sangre.

—Eso es la altura, no te preocupes —le escuchó decir al cocinero. Se acercó hasta donde él estaba, y pudo oír el resto de la breve conversación. Entre los pitidos de la estática, oyó una voz que le pareció la de su hija.

—Soy el padre de María —habló por el intercomunidador—. Acabo de llegar al albergue y he oído que una de las niñas se encuentra mal. Espero que no sea mi hija.

—Sí, es María, pero no pasa nada, no se asuste —escuchó decir a la profesora encargada del grupo.

—Papá, ven —se oyó decir a la niña llorando—. Me encuentro mal y quiero que vengas a buscarme.

—Sí, hija, iré ahora mismo —le respondió, angustiado. Y lo dijo en un tono de voz alto, un tanto chillón, bastante diferente de la fría y calculada eficiencia con que solía atender las llamadas de negocios en su teléfono móvil.

Se oía un murmullo al otro lado del receptor. Y, enseguida, la voz de la monitora.

—Esté tranquilo, no es necesario que venga; ya se ha pasado el susto y con un poco de reposo, en un par

de horas la niña estará recuperada —le tranquilizó—.
Le repito que no hay razón para preocuparse. Tengo
el título de auxiliar de clínica y estoy preparada para
hacer frente a cualquier pequeña eventualidad de este
tipo.

Pero no se quedó tranquilo. Al contrario, se sentía
muy inquieto. Y no era porque pensase que su hija no
estaba atendida. No era cuestión de eso, no, sino de
otra cosa. Quizá tenía que ver con la sensación de
desamparo que había creído percibir en la niña, o con
el hecho de descubrirse importante para ella. Lo había
olvidado, y recordó a su pequeña María, a la niñita que
extendía hacia él sus brazos mientras daba sus primeros pasos, afianzándose sobre sus piernecitas vacilan-
tes de bebé que acaba de estrenar su capacidad para
andar.

Y ahora reclamaba su presencia y quería que estu-
viese a su lado. Nada que ver con el habitual acento
de apatía y de desinterés con que se dirigía habitualmente a él en los últimos tiempos.

—No le pasa nada a María, está bien —pensó,
intentando hacer lo más razonable—. No hay necesidad de sacar las cosas de quicio. En última instancia,
busco un alojamiento, paso la noche, y mañana vuel-
vo al albergue para estar unas horas con ella. Ya avi-
saré a mi secretaria para que cancele todas las citas.

Sus razonamientos le iban a servir de muy poco;
apenas hicieron mella, porque determinada bisagra
acababa de saltar por los aires, y se sentía tan vulne-
rable y tan desconcertado como su propia hija de
trece años. Los miembros del consejo de administración de su empresa nunca hubieran sospecha en él
esta faceta.

El montañés acababa de apagar la radio, dando por
terminada la conversación. Lo miraba en silencio, y
nuestro hombre, de inmediato, sintió la expectación
callada con que era observado. Sin saber muy bien

por qué, le preguntó dónde se encontraban las niñas y la forma en que podía llegar.

—En coche, imposible. Están a la orilla del río, a unos siete kilómetros, y el camino sólo se puede hacer en bicicleta. Si quiere bajar, puedo prestarle una. Acompáñeme y se la enseño.

Estaba apoyada en una de las paredes laterales del albergue. Era una bicicleta enorme, bastante cochambrosa. En lugar de pedales, tenía dos muñones metálicos, bruñidos por el uso.

Era lo único que brillaba en el conjunto. Hasta las cubiertas de las ruedas eran desoladoras, llenas de parches y remiendos.

—Seguro que ni siquiera tiene frenos —pensó nuestro protagonista—. No puedo usarla. El camino debe ser muy malo, no tengo costumbre y me caeré seguro.

—Gracias —le dijo al hombre—, pero me parece que no puedo aceptar su ofrecimiento. Creo que se me olvidó montar y no llegaría nunca. Prefiero ir andando.

El hombrón le miró dubitativamente.

—Como quiera —respondió—. Pero para ir por estos caminos, lo mejor es la bicicleta. Andando tardaría mucho, se le va a echar la noche encima y a oscuras no podrá encontrar el sitio donde están las chicas acampadas.

Hizo una pausa, y añadió:

—Y ya ha oído, no es nada grave; no es necesario que vaya. Puede quedarse a dormir aquí y mañana verá a su hija, cuando vuelvan. Como no está el grupo, hay camas de sobra.

—Quisiera ir ahora; mi hija me estaba esperando —contestó rápido, casi sin darse cuenta.

—Si de verdad quiere ir, entonces tendrá que usar la bicicleta. Inténtelo. Puede probar.

Su pequeña María le estaba esperando a él, en ese momento, que es cuando se encontraba mal. Y le había pedido que fuera. Súbitamente, revivió sin saber cómo ni por qué la imágen de un amanecer, que estaba archivada en su memoria: las sombras oscuras se despejaban súbitamente con la luz cálida del sol, y el horizonte se estaba tiñiendo de colores surgidos no se sabe de dónde.

Y probó.

Sonriendo, dejó de pensar en cómo lo haría, y se subió a la vieja bici.

No importa mucho de qué manera hizo el camino, ni con qué intensidad se abrazaron el padre y la hija, cuando se encontraron. La historia no cuenta tampoco cómo fueron las relaciones entre ambos después de este encuentro, cuando volvieron a las pizzas para cenar y a las películas compartidas en los fines de semana alternos en que se veían, pero es fácil imaginárselo.

Los dos deseaban un acercamiento que no sabían cómo realizar. El uno desde su impotencia de adulto, y la otra desde la atalaya de su recién estrenada adolescencia. Pero surgió la oportunidad; allí estaba y no podían desaprovecharla. Una chispa del amor había saltado la barrera de la inercia.

Se comprende que éste no es un relato significativo. No recoge las gestas de ningún héroe, ni de un aventurero explorador, y no tiene ni uno solo de los ingredientes (la trilogía más primaria es dinero, sexo, ambición) que se suponen captan la atención del gran público. Es la modesta y nada aparatosa anécdota de un hombre de cuarenta y tantos años, un tanto oxidado y fondón, que quiso responder a la llamada de su hija, y fue capaz de aceptar el reto de una humilde y desgastada bicicleta que en otras circunstancias jamás habría utilizado.

Lo suyo eran las bicis estáticas del gimnasio o esas que se guardan, plegadas, en el trastero esperando, para hacer ejercicio, el fin de semana adecuado que nunca llega.

Nuestro protagonista, tan próximo porque puede ser cualquiera de nosotros, lo intentó con una de verdad.

Y, al hacerlo, descubrió que entre el cuerpo y el alma hay muchos pasadizos que los conectan entre sí; si están abiertos, las emociones fluyen; si están taponados, se cuelan apenas.

Sólo el Amor puede despejarlos de golpe, como una potente ráfaga de viento que, al instante, abre todas las ventanas y permite que el aire fresco circule por todas las estancias interiores, ventilándolas y refrescándolas.

La cultura del sufrimiento

La cultura es nuestra prótesis de inmortalidad, dijo alguien. Los animales no la necesitan porque no saben que van a morir; nosotros sí. Y la cultura del sufrimiento, que nos acompaña desde hace siglos, es un añadido mental a la pura y simple acción del dolor. Hay cantidades incalculables de energía en la urgencia. Lo malo es que casi siempre experimentamos esta sensación acompañada de la angustia. Una pena, desde luego, porque el potencial está ahí y parece que sólo se despierta y entra en acción cuando hay suficientes circunstancias que causan dolor.

Por eso, el dolor es el aguijón utilizado durante milenios por el hombre sobre los animales, y por el destino sobre los hombres. El dolor sólo da respuestas ciegas. Su intensidad es directamente proporcional a la rapidez de las reacciones. Es un mecanismo útil, y todos los seres vivos responden ante él; una rana, un caballo, un perro, una mujer y un hombre comparten el mismo tipo de reacciones, que tienen un denominador común: hacer cualquier cosa para intentar librarse del dolor. Ésta es la base habitual, pero admite muchas variantes. Según cómo les pille el cuerpo, que es la manera popular de definir bien claramente la valoración intantánea de las circunstancias individuales en la que un ser vivo se encuentra cuando el dolor le asalta, actúan de diferentes maneras.

Algunos huyen hacia delante, otros se revuelven con furia, otros se rinden, pero sólo los humanos se compadecen de sí mismos; unos pocos, con cierto gusto por el masoquismo, se inventan una fábula donde ellos mismos son los protagonistas y se consideran poco menos que mártires afortunados por «estar sufriendo tanto». Más fácil que buscar soluciones reales es magnificar una situación, teniendo como respaldo al engaño.

No hay mayor mentira que la verdad mal entendida.

Dicen que, sin el engaño, la humanidad moriría de desesperación y aburrimiento. Una falacia más; sin el auto-engaño, que es el generador que alimenta el engaño colectivo, lo que ocurriría es que nos encontraríamos desnudos, vacíos, simplificados. Listos para vivir en otra dimensión de la conciencia.

Ya es momento de disolver la creencia de que el sufrimiento redime y purifica, y que acrecienta nuestros méritos para la otra vida, donde nos aguarda un contable divino para ajustarnos las cuentas. Quien piensa así, se ha fabricado un dios pequeñito, utilitario y de bolsillo; se ha construido un dios a su mediocre imagen y semejanza.

Muchas generaciones han crecido a la sombra del dolor como único estímulo, y han necesitado buscar consuelo en la idea de que constituía el salvoconducto para el paraíso. En el ámbito de las injusticias sociales, incluso tiene un alto sentido práctico para quienes han alentado esta creencia; se trata de una manipulación más para evitar la rebeldía.

Pero el daño de esta mentalidad tan arraigada radica en la visión del mundo desde esta óptica, que tantos han aceptado como única, cuando no es más que otra de las múltiples fotografías de la realidad que se toman como el original. Una necedad, aunque esté sostenida por millones de personas, no deja de ser una necedad, como nos recuerda Anatole France.

Cuentan las crónicas que en el transcurso de un acto social, un extraño se acercó a Pablo Picasso para preguntarle por qué no pintaba las cosas tal y como eran en realidad.

El pintor pareció desconcertarse con la pregunta, en la que se percibía un cierto tono de reproche, y tras una pequeña pausa le dijo a su interlocutor:

—Perdone, pero no acabo de entender lo que me quiere decir.

Era el momento que el hombre aguardaba. Parsimoniosamente, sacó su cartera y extrajo una foto en la que se veía a su mujer y a sus tres hijos, rodeando a la mascota de la familia: un gato persa recostado sobre un almohadón.

—Mire, es como esto —dijo el hombre—. Así es mi familia y así es nuestro gato de verdad. «No como usted lo pintaría.»

Picasso observó la foto con expresión confundida, pero antes de responder no pudo reprimir un destello de picardía, que iluminó el mineral oscuro de sus ojos.

—El gato es muy pequeño, ¿no? —dijo en un tono de total inocencia—. No tiene el color de un gato de verdad y su tacto es frío y seco. Además, parece un poco plano, ¿no cree? —añadió con una sonrisa angelical, antes de devolver la foto.

La mirada más antigua

Picasso, como otros geniales creadores, incorpora en sus obras la conciencia de adulto y la mirada de un niño.

Ésta es la síntesis de toda creación, la fórmula mágica con la que han tropezado músicos, pintores y escritores en ese peregrinaje por el mundo de las formas, que encuentra su piedra de toque personal para que el potencial del talento creativo pueda ser expresado.

No todos tienen la capacidad de ser grandes artistas, pero sí reside en todas las personas el poder de ser creadores de sí mismos, de sus propias vidas. Un arte mucho más difícil y, desde luego, menos reconocido mundialmente desde el punto de vista de la fama y todo eso, pero exquisito e imprescindible para acceder a lo único verdaderamente importante. Una maestría que no puede ir acompañada de la pomposidad, de la falsa importancia personal, y de la seria rigidez con que muchos creen que deben abordar el acceso a los caminos del espíritu.

Y en esta creación constante, que se puede realizar con los opacos materiales del día a día, no hay que olvidar que el mapa no es el territorio, que cada cual ve la realidad a su manera, y que todo depende de los filtros mentales a través de los que ésta se perciba. A mayor estrechez, menos perspectiva. Cuando estos filtros son pequeños y además están sucios, lo observado siempre es más parcial, más distorsionado. Se trata de una regla de tres infalible.

Aferrarse a cualquier sistema de creencias, dar el visto bueno a cualquier cliché pensando que es el original, es restarse oportunidades de descubrir otras cosas. Por ejemplo, que el sufrimiento es algo elegido por uno mismo (una vez más, citamos a Buda: «El dolor es inevitable, el sufrimiento es opcional»), y que al escoger ese camino nos estamos privando de la posibilidad de acceso a otras formas de aprendizaje y comprensión.

Hay otras maneras de «completamiento», entendiéndolo como la recuperación y la integración de las dimensiones del ser que yace, dormido, como una bella durmiente en el bosque, esperando que la luz de la comprensión lo despierte y lo ponga en marcha.

Para liberarse de esas gafas mentales que limitan y oscurecen, una sana medida higiénica es aplicar el discerniminto a todo, sin dar nada por sentado. El puede que sí o el puede que no, es una de esas actitudes-talismán que permite estar abiertos a cualquier cosa, pero sin identificarnos ciegamente con ella. Todo es relativo, todo depende, todo es posible. Nada es inamovible, nada es definitivo, nada es imposible.

La vida no es un circuito cerrado sobre sí mismo, y la evolución no es algo estático que se mira el ombligo. Sería una broma de muy mal gusto, después de un durísimo aprendizaje, colmado de esfuerzo y de dolor prolongados durante milenios.

Los niños siempre son un excelente punto de referencia. No hay que irse muy lejos para ver cómo actúan. Estamos rodeados de niños, y, alguna vez, también nosotros lo fuimos. Obsérvalos, porque no hay nada más natural, en estado puro, que un recién nacido.

Lo que transmite un bebé pequeño con la mirada es impactante; sus ojos son algo especial, diferente de la ternura que inspira su presencia. Miran de una forma antigua, lejanísima, sabia. Todavía están cerca del lugar donde la vida no necesita de formas materiales para manifiestarse. Y por eso su mirada es la más nueva y, al mismo tiempo, la más antigua.

El beso del príncipe y la princesa

Fíjate en lo que ocurre cuando los niños experimentan su primera toma de contacto con el aprendizaje convencional, cuando son iniciados en ese proceso de domesticación y adaptación que llamamos «educación»; a los dos o tres años, reaccionan de una manera muy peculiar. Entran en la fase que los psicólogos conocen como la del *porqué*. Es su débil resistencia ante las normas que los adultos pretenden hacer suyas, en un proselitismo universal que nunca nadie ha cuestionado, aunque la calidad y el acento de estas enseñanzas merecería un capítulo aparte, porque es evidente que no entrenan igual a sus hijos los moradores de las tribus y culturas más primitivas del planeta, que una familia de «yuppies», cuyo eje central de intereses van por otros derroteros diametralmente opuestos.

Apenas han adquirido una cierta habilidad con el lenguaje, los niños empiezan a preguntar «por qué». Lo cuestionan todo, y a veces esta preguntita acaba volviendo locos a los padres, que nunca saben qué contestar. Esta reacción surge en cuanto se inicia el tramo de su educación en que empiezan a inculcárseles las creencias. Hasta entonces, ningun niño pregunta, sencillamente acepta. A un bebé no se le atosiga con el «esto está bien, aquello está mal», ni se le transmiten mensajes acerca de cómo es él ni de cómo es el mundo.

Hagamos el proceso inverso en nosotros; estamos, a fin de cuentas, en una vuelta del círculo del retorno al centro del ser, que, aunque tiene el radio ilimitado e inconmensurable de los eones, puede trasladarse al espacio próximo y más inmediato que es la infancia. Eso sí que lo conocemos.

Volvemos hacia nuestro estado natural antes de que el mundo apareciera ante nuestros ojos como una construcción; volvemos a la fuente, volvemos a la esencia. Y somos muchos los que intuimos (¿también tú lo compartes?) que para reintegrarnos definitivamente, para religarnos con nuestro auténtico origen, la recuperación de la inocencia original es lo que establece la comprensión. «Cuando os hagáis como niños, entraréis en el reino de los cielos», dijo Jesús.

Pero en este camino de vuelta llevamos demasiado equipaje, y hay que ir dejando maletas en el camino.

Es necesario ir vaciando. Quitar capas y más capas, hasta quedarnos con la esencia purísima, a la que nos aproximamos con la **conciencia del adulto y la perspectiva de un niño**, todo ello dentro de quien somos ahora mismo. Sólo así iniciamos ese camino de regreso que es el del completamiento genético y espiritual.

Sólo así se produce el contacto mágico, el beso del príncipe que despierta a la princesa durmiente y la devuelve a la vida, listos los dos para celebrar sus bodas, su **unión mística**.

También desde los cuentos clásicos nos llega este mensaje sutil; el mismo que se atribuye a Jesús, en el Evangelio de Tomás, al decir que «cuando hagáis de dos uno, lo interior como lo exterior, y lo que está arriba como lo que está abajo, entonces entraréis en el reino».

Quizá este «reino» no sea tanto un lugar físico como un estado de conciencia ampliado.

El eje del humor

El discernimiento y, sobre todo, el sentido común, son los mejores puntos de referencia para disolver liturgias absurdas, cultos que nos perjudican y dogmas de fe que nos recortan la visión y nos traban la posibilidad de disfrutar de una buena y amplia panorámica.

Permitir que estos conceptos entren en el juego y echar mano de ellos el mayor número de veces posible, es algo así como la versión adulta del «por qué» infantil. Con la diferencia sustancial de que ahora ya no esperamos que las respuestas nos las den otros, sino que las vamos encontrando dentro de nosotros mismos.

Sobre el discernimiento poco hay que decir y mucho que experimentar, pero recordemos que el sentido común, cuando es llevado a un grado nada común, es lo que conocemos como sabiduría.

Un tercer aliado que es imprescindible, y al que se aconseja recurrir en este retorno a la *infancia-adulta,* es otro de los denominados sentidos que tampoco está incluido en la lista oficial: el sentido del humor.

Si el Amor es lo que hace girar al mundo, el humor es lo que lo conserva sobre su eje. Se trata de unos compañeros que tienen el poder de hacernos disfrutar del viaje, pero que nunca aparecerán en el panorama interno si no se les llama, si no se les deja espacio para que puedan actuar. Como casi todos los aliados de la luz, deben ser invitados para que actúen en nosotros, porque ellos nunca invaden y sólo aparecen al ser llamados.

Y con el culto al sufrimiento lo que se ha generado es una desconfianza enorme hacia el placer y el gozo.

Un abismo que muchos no pueden cruzar, perdiéndose la posibilidad de acceder a la otra orilla, donde la mirada y la actitud interior conecta con lo positivo y se aprende de otra manera.

Este tipo de personas son las que creen a pies juntillas en la operatividad de refranes tan siniestros como «quien bien te quiere te hará llorar», o «la letra con sangre entra», y otras lindezas por el estilo que, durante mucho tiempo, han sido tomadas como verdades incuestionables. Más adornos a la cultura del sufrimiento.

Recuerdo a una persona que se me acercó al término de una conferencia para preguntarme si de verdad se podía acceder al desarrollo espiritual dejando a un lado lo doloroso, puesto que la vida, según ella, era una sucesión de amarguras con unos pocos instantes de felicidad entremedias.

—¿La vida es realmente así, o es así porque tú decides verla de esa manera? —le pregunté.

Me miró, y abiertamente me dijo que cada vez que disfrutaba con algo, después se sentía culpable por ello. Fue un reconocimiento espontáneo, hecho en voz alta. Y tuve la impresión de que nunca se había permitido reconocer este hecho, y mucho menos nombrarlo.

Intuí que en ese momento acababa de entrar en una fase de sanación personal.

—O sea que para ti, todo lo que te gusta, o es pecado o engorda, ¿no? —le dije, intentando aligerar la situación, para ver si conseguía que sonriera un poco y durante unos segundos se olvidara del dramatismo—. Prueba; es lo único que te puedo decir. Prueba a ver las cosas de otra manera, a no darle tantas vueltas a la cabeza. Simplifica tu vida y tu propia historia, y haz lo que tengas que hacer, en cada momento, procurando disfrutar con ello. A lo mejor te sirve.

Y parece que le sirvió, porque meses después me mandó una carta en la que me contaba cómo había cambiado su vida, una vez decidió arriesgarse a hacer lo que verdaderamente quería. Comenzó a actuar desde sí misma y no desde las múltiples plataformas periféricas donde se arremolinan todas las creencias adquiridas.

Y terminaba su carta diciendo que había hecho suya la siguiente anécdota protagonizada por un maestro oriental del que se decía que estaba iluminado. Le preguntaron:

—¿Qué te ha proporcionado la iluminación?

Y él contestó:

—Primero tenía depresión, y ahora sigo con ella, pero ya no me importa.

El momento está maduro

La vida se encarga de que tengamos que pasar muchas veces por momentos dolorosos. Es inevitable. Pero recordemos que el dolor es una llamada de atención. Y si podemos evitarlo y aprender de otras formas, pues mucho mejor. Comprender que en el dolor está contenida la esperanza es difícil, pero no imposible.

Esta posibilidad existe, pero es una estrecha fisura por la que hay que pasar para descubrir lo que hay del otro lado. Exactamente igual que en todo nacimiento, hay que atravesar un pasadizo para llegar a otro escenario. Sucede en los partos, y sucede también en las llamadas experiencias cercanas a la muerte, según los cientos de miles de testimonios de personas de todo el mundo que aseguran haber visto un túnel que parece terminar en la luz. Para estas personas, y para otras que aunque no lo han experimentado, sienten que les resuena, morir no es un punto final, sino un punto y seguido.

En este caso, se trata de nacer a otra forma de vida, pero sin cambiar el escenario, sin mover los pies de esta tierra que nos sustenta.

Se trata, nada más ni nada menos, que de librarse de esa inercia agarrada a nuestras células como una vieja capa de óxido, que ha ido reforzándose con el ambiente de origen, con todo aquello que los antepasados nos han transmitido a través de la información contenida en la sangre.

Un esfuerzo titánico cuando la situación no es propicia. Pero cuando el momento está maduro, se liberan misteriosas fuerzas que facilitan la comprensión real, y el paso se realiza de forma asombrosamente fluida.

La sucesión de generaciones es bastante claustrofóbica, pero llegan ya el momento de ampliar estos espacios cerrados. Se puede hacer si alguien consigue, en un momento determinado, atisbar un peldaño un poco más elevado y desea situarse en él.

Romper un eslabón, renovar el aire de la habitación genética: éste es uno de los pequeños secretos del ciclo de las vidas. Pequeño pero fortísimo, capaz de cambiar el transcurso de una vida, de muchas vidas. Cada uno tiene su propio punto de madurez vital, pero ahora son muchos los encargados, quizá sin saberlo, de dar el salto para que otros puedan seguirlos más fácilmente por esa abertura ensanchada.

La *cultura del sufrimiento* ha funcionado durante siglos, y no es de extrañar que todavía muchos sientan por ella un apego morboso. Incluso se le ha rodeado, en ocasiones, de un halo seudorromántico, para hacerla todavía más atractiva.

Resultaba muy difícil trabajar con un famoso director de cine, que además cultivaba voluntariamente su fama de tirano. Su leyenda atraía a todos los actores, que temían y deseaban al mismo tiempo que los llamara para su próxima película.

Preparaba una gran superproducción, donde uno de los protagonistas tendría que realizar escenas peligrosas y, al mismo tiempo, demostrar una gran sensibilidad artística. No era fácil encontrar a un actor que reuniera todas esas características y además que fuera joven y poco conocido. Le recomendaron a un joven cuya carrera había sido meteórica, y que combinaba la destreza física con su talento como músico.

Se concertó una entrevista, y el director comenzó diciendo:

—Me han dicho que es usted un genio. ¿Es cierto?

—Todavía no, señor —respondió el aspirante, ansioso de conseguir el papel—. Aún no he sufrido bastante.

—En tal caso —apuntó el famoso director—, le aseguro que lo será cuando haya terminado de trabajar conmigo.

Un fruto para compartir

La utilidad del dolor es innegable, pero es algo demasiado primario, demasiado tosco. Hay otras formas de estímulo para reaccionar en la dirección adecuada. Por ejemplo, la comprensión. Comprender una situación suele ser más que suficiente para evitar que degenere en algo crónico que termine con el piloto rojo del dolor encendido.

Se pueden ahorrar muchos, muchísimos sufrimientos si optamos por *comprender* en lugar de *sufrir.* Porque, en las personas, la comprensión que nace del corazón puede cambiar radicalmente la visión del mundo y también el modo de vivir todas las cosas.

Todos podemos probar; no hay que desanimarse antes de intentarlo, porque debemos usar el talento dormido para vivir plenamente, por muy hondo que esté escondido. Como dicen, el bosque sería muy silencioso si sólo cantaran en él los pájaros que lo hacen mejor.

Y en estos tiempos todos nos necesitamos a todos. Cualquier cambio viene de abajo; de la parte más sencilla de uno mismo, la que conecta con lo cotidiano. Desde la perspectiva colectiva de lo social, nunca los cambios importantes vinieron propiciados por los que representan el poder y están «arriba», sino por muchos seres anónimos que hicieron posible que sucedieran.

Si unos cuantos mejoran su calidad de vida interior, otros muchos tienen el acceso más fácil para conseguir lo mismo. Es parte de la promesa encerrada en el corazón... y presente en el código genético.

Esta capacidad de elegir conscientemente la comprensión es un privilegio que pertenece a la especie humana y que, desgraciadamente, no comparten los animales sometidos al hombre. El perro que recibe patadas, el caballo que es salvajemente apaleado, o el gato que es ahorcado en un árbol de cualquier camino, no tienen ni la más remota noción de por qué alguien los tortura. Simplemente, cumplen con su función de animales, siguen el surco hondo para el que la naturaleza los ha programado.

Pero en la medida en que el ser humano conecta desde sí mismo con su propia armonía, extiende hacia afuera los frutos de ese encuentro, y libera del sufrimiento gratuito a cualquier otra forma de vida. Ya no tiene necesidad de hacer daño, porque el daño ya no está en él.

Comprende, y este estado de la conciencia le permite emitir y recibir en esa frecuencia.

Los diferentes estados de conflicto o de armonía tienen sus correspondientes estructuras vibratorias. Desde ellas, se establece una forma de comunicación resonante con otros seres y energía que tienen estructuras vibratorias similares.

De esta forma, si una persona tiene situada su banda de frecuencia interior en lo destructivo, emitirá ciertas vibraciones que lo pondrán en contacto con personas y acontecimientos que tengan una estructura similar.

Esto hará que tales situaciones se le aproximen y comenzará a comprobar que los acontecimientos del mundo exterior en los que toma parte son muy parecidos a los que tienen lugar en sí mismo. Pero preferirá no darse cuenta de esta resonancia, y culpará a los otros o al destino de sus infortunios. Quien a hierro mata, a hierro muere.

Sorprende la capacidad que tiene la fauna racional, como llama una amiga al género humano, para ser crueles con aquello que pueden dominar. La crueldad tiene una estrecha relación con la cobardía, porque generalmente se ejerce con quien no se puede defender. O sobre quien no da una respuesta inmediata; ahí la crueldad estaría marcada también por la ignorancia, por la soberbia y la prepotencia en las que se encastilla el hombre cuando se ve a sí mismo como «dominador de la naturaleza, conquistador del espacio y rey de la creación». Y el refranero popular contiene otra perla de sabiduría cuando afirma que quien siembra vientos, recoge tempestades. En lo que se refiere al medio ambiente y a la ecología, estamos viendo ya los primeros truenos y relámpagos.

NOTAS PERSONALES

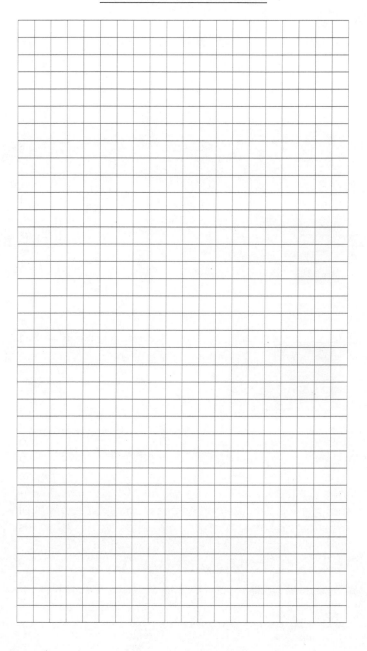

Agua que desemboca en agua

4

CONECTAR con el poder del Amor es actuar en bien de uno mismo y de los otros. Hacer el bien para los demás no obedece a ningún tipo de sentimentalismo, de los que se encuadrarían en ese «hamor» que mencionábamos en la introducción. Es simple sentido común, porque los resultados de actuar en esta dirección merecen la pena. Alinearse con las fuerzas constructivas del Amor es llenarse de vida y, pura paradoja, el hacerlo sin desear obtener nada a cambio es lo que nos permite ganar siempre.

La forma en que está estructurado un ser humano ha sido ya descrita por aquello que ven con los ojos del alma, y parece que ahora la observación científica respalda estas antiguas afirmaciones.

Todos los sistemas no visibles de un ser se relacionan entre sí, creando una red de vibraciones extraordinariamente compleja, parecido a los fascinantes dibujos que surgen al arrojar un puñado de piedras a un estanque de aguas tranquilas. Pero mientras esta forma conocida se ve en nuestro plano de realidad, la estructura del ser humano incluiría más dimensiones, lo que impide que podamos imaginárnoslo con facilidad, porque estamos acostumbrados a percibir con los sentidos una realidad tridimensional.

La felicidad del *bien hacer* surgiría como resultado de un alineamiento armónico de todos estos cuerpos espaciales; el conflicto y el dolor, de un estado de fricción entre ellos. No descartes sin más la idea de que tu estructura real es distinta a como te percibes a ti y a los otros. No olvidemos que la idea de que «somos» una cosa y «no somos» otra es algo que nosotros mismos nos creamos, generalmente influidos por los condicionamientos culturales, y no tiene una validez absoluta y permanente.

Y lo que sucede en un sólo ser humano, es extensivo a su contacto con todo lo que le rodea, sea de naturaleza visible o invisible.

La resonancia simpática es una ley y tiene su propio funcionamiento, exacto y preciso, como una parte más de la gran maquinaria del Universo.

Una experiencia citada por Peter Payne nos narra que un grupo de científicos rusos han logrado transmitir estas vibraciones utilizando ondas electromagnéticas, de forma que emociones como el temor o el enfado pueden ser provocadas, desde lejos, a un sujeto ajeno al experimento.

Seguimos empleando los términos «dentro» y «fuera» para entendernos, pero cada vez se percibe con más certeza que son pactos con el lenguaje, porque en realidad hablamos de algo que es lo mismo, y que las fronteras de separación sólo son ilusorias. La Física moderna afirma que en realidad estamos compuestos de espacio vacío y curvado, y que no existe una separación radicial entre el yo y el mundo; nuestro espacio y el del mundo forman un «continuum», como el agua que desemboca en el agua.

Quizá por eso la luz espiritual se transmite por canales muy especiales. Estos canales se entrecruzan en los distintos planos de todo lo que existe. En un determinado momento se produce el cambio. Hay muchas formas de comprobar cómo funciona este maravilloso proceso, pero, como siempre, recurrimos a lo más sencillo, a lo que podemos observar en la naturaleza. La nieve necesita un punto exacto de frío, cero grados, para cuajar y realizar el prodigio de un paisaje nevado. Un punto antes o un punto después, y sigue siendo lluvia.

El agua precisa una exacta cantidad de calor para empezar a hervir; ni un grado más ni un grado menos. La dejamos al fuego el tiempo suficiente, y cambiará su estado líquido por el gaseoso; se convertirá en vapor de agua. Podemos ir amontonando pelotas de fútbol en un gran baúl; cuando se meta la que haga un cierto número, las paredes cederán a la presión, se romperan y todas las pelotas saldrán rodando. ¿Cuántos seres humanos despertando serán necesarios para que el cambio global se produzca?

¿Qué numero de personas es el preciso para que se rompan los barrotes de ese cajón en el que estamos metidos?

¿En qué punto de la cuenta cósmica nos encontramos?

Quizá estos ejemplos pequen de excesivamente simples, porque, desde luego, el salto evolutivo no es ni lluvia que se convierte en nieve ni agua que se hace vapor. Pero el cambio de elemento, cuando se dan las circunstancias precisas, es algo constante en la naturaleza, y también esta posibilidad tiene que estar abierta para nosotros.

Cada esfuerzo desde lo individual puede ser una aportación de valor incalculable para lo colectivo; la Biblia habla de un número simbólico, 144.000. No es demasiado importante quedarse fijado en esto, porque nunca podremos saber cúantos son los necesarios para abrir las puertas, hasta ahora selladas, de la evolución hacia la libertad de las cadenas humanas, hacia el Espíritu.

Lo que sí nos interesa es saber que formamos parte de esa malla sutil que teje el Amor, de ese tejido vivo que crece y extiende sobre el planeta la esperanza de que nos aguarda un nuevo mundo en el que vivir.

El pez nunca supo cuándo adaptó su estructura física para abandonar el medio líquido y comenzar su aventura en la tierra.

Tampoco se ha precisado jamás cómo ese animal de transición que es el anfibio siguió evolucionando hasta dar origen al mamífero, ya plenamente adaptado a las condiciones de vida en la superficie. Desde este lado de la realidad es imposible saber cuándo y cómo se producirá ese cambio trascendental.

Sólo el Padre lo sabe, se dice en el Apocalipsis, que, no olvidemos, significa «revelación».

Algo se está revelando dentro de cada ser humano sensible a que el proceso se produzca. Los sellos están abriéndose. Una oportunidad cósmica se perfila en el horizonte.

La puerta hacia el infinito está abriéndose.

El puente está tendido. Somos nosotros quienes tenemos que cruzarlo, con la ayuda del Amor.

La humanidad mutante

El instinto de perfección anima a todo lo creado y está presente en todos los reinos de la naturaleza, desde la piedra hasta el ser humano. Estamos llamados a dejar de ser hombres y mujeres, con esa mezcla de animal y de humano, que en cada uno se manifiesta en distintintas proporciones. La llamada hacia la perfección, hacia el completamiento, está lanzada hace siglos y ya es momento de que la mariposa deje atrás su antigua piel de gusano.

«Todo lo que vemos es fruto de lo que pensamos», afirmó Buda. En otra cultura, la judaica, se dice lo mismo pero con otras palabras: «No vemos las cosas tal como son, sino tal como somos» (Talmud).

El exterior es el reflejo de lo interior, y para el nuevo prototipo de ser que está por nacer, este modelo de mundo que hemos construido, a imagen y semejanza de nuestros «ego-ismos», ya no sirve.

Ese nacimiento, resultado de la más importante mutación genética experimentada por la especie desde que inició su andadura humana, necesitará de otro marco, de otros espacios para habitar. Ésta es una mutación espiritual, y la nueva casa, la nueva forma de vivir, estará en concordancia con ese refinamiento y sutilización de la materia.

De momento, los síntomas de que está llegando a su fin este viejo mundo son muy tangibles. Y los datos están ahí, no son especulaciones. Cualquiera puede obtener la información necesaria acerca de cómo está la situación de los recursos naturales, de la superpoblación y de otros tantos problemas urgentísimos; y como es cuestión de sentido común, coincidirá con la opinión de los grandes expertos mundiales, quienes afirman que esta situación mundial, de persistir las mismas condiciones, no puede prologarse más allá de un par de décadas.

Todos los cimientos del viejo edificio, del viejo modelo de mundo, están agrietándose.

El punto de saturación de lo que ya no funciona está a punto de producirse.

Entretanto, se están operando importantes cambios energéticos en el ser humano. El proceso de una mutación genética hacia la espiritualidad está llegando a su punto álgido. Se dice que la necesidad crea al órgano; cada persona es un laboratorio viviente, un vaso para que el Espíritu actúe y lo llene de la *sustancia* que nos acercará a nuestra naturaleza de seres estelares. De dioses en potencia, listos para despertar a su propia divinidad.

Quizá ahora no se trate de un órgano concreto, sino de una desconocida transustanciación que podría operar sobre el cuerpo físico en su conjunto para ampliar la conciencia. Como imagen próxima, sería algo así como la aplicación de una corriente de alto voltaje que recorre todos los circuitos, permitiendo construir casi con los mismos materiales una estructura nueva y más perfecta. Quizá se trate de un proceso de mutación que nos marca el camino hacia una naturaleza humana más sutil, más espiritual, menos densa.

¿Ingenieros genéticos en la antigüedad?

El origen cósmico de la vida en la Tierra es indudable. Quizá este planeta sea un lugar de paso, un importante atanor donde va a tener lugar el desenlace definitivo. Y no sólo del guión de la vida humana, desde que apareció sobre los horizontes de la Tierra, sino también de otros mundos implicados de alguna manera en este final de etapa.

Desde que se inició el experimento humano, comenzó un proceso en el que muchos quieren ver la intervención directa de otros seres, los llamados dioses por los pueblos antiguos, y de los que quedan numerosos testimonios en la memoria colectiva de los pueblos.

Una inquietante coincidencia, que se repite en diversas culturas del planeta y cuyo hilo conductor está oculto tras el misterio de las civilizaciones desaparecidas, que se llevaron con ellas su secreto. Estos seres no humanos aparecen en la mitología y en el folclor como los instructores que ayudaron a dar los primeros pasos a la naciente humanidad, después de haberla sometido, según parece en algunos casos, a una posible manipulación genética que propició el salto del homínido al humano.

Destruidas las grandes bibliotecas de la Antigüedad, acerca de esta especulación sólo quedan vestigios difíciles de rastrear con un mínimo de rigor, y cuyas intrincadas pistas a veces desembocan en el delirio y en la fabulación de quienes se internan por ese laberinto del pasado remoto.

Una de las narraciones más ingenuas, pero más explícitas de esta supuesta actuación de ingenieros genéticos venidos de otros mundos, la encontramos en el Popol Vhu, la llamada «Biblia de los mayas».

Por cierto, recordar que el antiquísimo calendario por el que todavía se rige este pueblo es de una precisión asombrosa, y contiene una información sobre el pasado y lo que es nuestro presente que, tras ser contrastada, se revela como exacta. Por lo menos, en lo que se refiere a los ciclos ya cumplidos y al conocimiento de la astronomía.

Los descendientes de los antiguos mayas actualmente malviven en la marginación y la miseria más absoluta en la zona sur de México y en Guatemala. Quien esto escribe ha tenido la oportunidad de convivir con ellos, y aunque jamás confiarán en nadie de raza blanca (lo que conociendo su historia es bastante comprensible), tuve ocasión de comprobar que sigue en ellos, y más actual que nunca, una curiosa creencia. Según su calendario, este tiempo que vivimos es el del final de los tiempos.

No sabemos, a ciencia cierta, si existieron o no ingenieros genéticos que propiciaron el inicio de la andadura humana. No sabemos si somos el resultado de un experimento de dimensiones cósmicas. No sabemos nada; pero para muchos Cristo fue el gran ingeniero del Espíritu, que encarnó en un cuerpo para sembrar la semilla de la flor divina en la especie humana. Y quizá ahora esté a punto de abrir sus pétalos.

Nadie le pudo preguntar al pez qué sintió antes de comenzar a ser anfibio; cómo vivió esos largos momentos de transición en que pasó del elemento agua al elemento aire. Suponemos que, de ser posible la respuesta, encontraríamos muchos puntos en común con lo que está sucediendo ahora. Tampoco nosotros sabemos en qué nueva dimensión de la existencia nos vamos a mover, aunque sospechamos que tiene mucho que ver con la energía de la Luz.

Un imán intergaláctico

La llamada está hecha.

Ibn Arabi, místico de la cultura islámica, en ese momento de esplendor para el mundo árabe que fue el siglo XII, dejó dicho cómo es la calidad de respuesta que puede dar el Amor, una de las señas de identidad de Dios: «Al que se acerque a Mí un palmo, Yo Me acercaré a él un codo. Si se acerca a Mí un codo, Yo Me acercaré una braza. Si acude a Mí corriendo, Yo iré hacia él más deprisa.»

Dios no tiene prisa, pero quizá nosotros, que vivimos en tiempos medidos por el reloj de los ciclos humanos, sí la tengamos en estos momentos.

Estamos inmersos en un proceso de aceleración, que se produce con una intensidad desconocida en épocas precedentes. Conviene recordar que en los ultimos cincuenta años la humanidad ha cambiado más que en los dos mil años precedentes. Todo se precipita, y tienen que caer muchas cosas antes de que la flor de la conciencia se abra.

Parece que actúa un potente imán intergaláctico ejerciendo una atracción irresistible desde sus dos polos: el positivo y el negativo.

Todas las pulsiones internas del ser humano se están activando, como si se vieran sometidas a un aumento de su frecuencia de vibración.

Por eso es cada vez mayor el número de personas que sienten la llamada de la Luz. Antiquísimos circuitos internos se están despertando, y en este final de milenio, en este solapado proceso de cambio de Era, cientos de miles de seres humanos, de todas las latitudes, han comenzado a desarrollar al unísono facultades extrasensoriales y a tener experiencias psíquicas de todos los niveles. Cada vez son más los que sienten el despertar de dones curativos, y el acceso natural a estados alterados de conciencia permiten, a muchos, situarse en niveles de percepción que trascienden los límites de lo ordinario.

Muchas cosas están sucediendo en estos tiempos, pero no se trata de quedarse atrapados en la fascinación que estas experiencias pueden provocar, sino en comprender que se producen *por añadidura,* como consecuencia y resultado de algo interno mucho más importante. Los grandes maestros hindúes nos han recordado desde siempre que el fenómeno de características PES (percepción extrasensorial) puede ser una trampa en la que muchos se han quedado atrapados, desviando su atención del verdadero objetivo que debe guiarles.

Son síntomas de un cambio global, señales externas; al mismo tiempo que aparecen estos destellos de luz de forma cada vez más mayoritaria, se deja sentir sobre el conjunto humano una activación de signo opuesto, que conectaría con los instintos más bajos. La oscuridad tiene sus ejércitos en pie de guerra, listos para no dejar escapar a ninguno de sus esclavos.

Aflora todo lo escondido, todo lo malo y todo lo bueno que se encierra en una persona, y toda esta amalgama cristaliza externamente en una concatenación caótica de sucesos y acontecimientos que se reflejan, como ondas concéntricas con distintos radios pero con el mismo centro, en el mundo en que vivimos.

Por eso hay cada vez más disparates colectivos, y por eso también nos encontramos, si sabemos buscar, con demostraciones de la más alta generosidad, que expresan el sentido altruista y solidario de unos pocos para otros muchos.

Y por eso también es cada vez mayor el número de personas que sienten una pulsión interna que los lleva hacia el despertar; simultáneamente, los aliados de las sombras actúan más contundentemente que nunca, como perfectos heraldos de la maldad, el egoísmo suicida y la ambición más enloquecida.

Tiempo de tomar posiciones

En este colectivo humano que se niega a sí mismo la posibilidad de liberarse, convencidos como están de que su puesto de lugartenientes de la oscuridad les va a ofrecer la victoria, se encuentran los que genéricamente podemos denominar, para entendernos rápido, los destructores. Cimentan su poder en la destrucción, y podemos aplicar este concepto a cualquier cosa; como contraseña de su forma de actuación, está la satisfacción inmediata de las ansias de poder de sus egos... inculcadas por el Poder Oscuro que los mantiene cegados sin permitirles ver otras opciones.

Son muchos y muy activos. Por lo menos, se nota muy ostensiblemente su presencia, quizá porque el «marketing» del mal busca siempre lo espectacular. Pero cuanto más próximos están a su fuente, cuanto más importantes son en la jerarquía de la oscuridad, más anónimos aparecen.

Las caras y los nombres que se ofrecen a la vista de todos (y pueden ir desde un Hitler, pasando por un traficante de armas, un capo de la droga o el dictador más feroz y sanguinario) puede que no sean más que hombres de paja del auténtico «consejo de administración» del Poder Oscuro, cuyas identidades nunca conoceremos. Permanecen en la sombra, y nunca mejor dicho. Los otros, los visibles, son como marionetas que dan la cara frente al mundo, pero que en realidad actúan como peones en esta gran partida de ajedrez planetario, donde al rey nunca se le ve sobre el tablero.

Entremedias de estos grandes satélites de la destrucción, se mezcla y se confunde una subespecie, que medra sólo en los reducidos ambientes donde se mueve el grueso de los buscadores. Son los llamados depredadores de medio pelo, que pululan en estas esferas, cumpliendo con su tarea de ser agentes de la confusión. Tienen mucho que ver con los mosquitos, porque, al igual que ellos, acuden en tropel a los espacios donde se enciende una luz para alimentarse de los que allí se encuentran.

De esta fauna pintoresca nos ocuparemos más adelante, ofreciendo un pequeño catálogo de los tipos más característico que, con toda seguridad, todos los lectores-buscadores podrán reconocer e identificar enseguida.

Ahora lo más urgente es recordar que éstos son tiempos de tomar posiciones. De elegir libremente a qué polo del imán cósmico queremos responder, en qué lado de la balanza vamos a depositar nuestra atención y nuestra consciencia.

Los tibios fueron siempre carne de cañón.

Ahora más que nunca, hay que elegir desde el corazón, aplicando el oído atento al único lugar donde la respuesta puede surgir, que es de la intimidad silenciosa de uno mismo, una vez se acallan los ruidos de la mente.

Pese a la nitidez con que percibamos esta respuesta, hay que ser realistas; seguiremos sometidos, cómo no, a esa fuerza que extrae de nuestro interior todo lo que de signo negativo hayamos ido almacenando. No debemos entristecernos ni desanimarnos por esto. Siempre hay que vaciar antes de llenar de nuevo.

No importan tanto los errores y las equivocaciones que podamos cometer y seguir cometiendo, como la decidida, inquebrantable y siempre renovada vocación de aliento hacia la Luz y el Amor.

Un cuerpo celeste con mala estrella

El poder del Amor sería esa fuerza sutil que extrae lo mejor de nosotros mismos; no tiene presencia definida, y no se le identifica con nada en concreto. Emana de Dios, y como durante tantos tiempos (el plural es voluntario) nos hemos alejado de Él, en un big-bang celeste que nos ha distanciado del Centro, apenas si tenemos referencias. Ya hemos dicho que el Amor es uno de los conceptos que mueven el mundo, y que, paradojicamente, es el gran desconocido porque no lo tenemos integrado en nuestras vidas de forma persistente, a excepción hecha de esos instantes en que todos, alguna vez, hemos reconocido el brillo de su luz... para sepultarla de nuevo en las tinieblas creadas por la mente oscurecida.

Sin embargo, el otro polo negativo de ese supuesto imán intergaláctico cuya presencia se intensifica ahora, sí tiene una representación concreta. La Tradición habla de un cuerpo celeste, al que algunos llaman Hercóbulus o Hercóbolo, y que cada cierto número de miles de años se acercaría a nuestra órbita terrestre con una execrable misión, desde el punto de vista humano: activar todo lo negativo, todo lo más bajo.

Vendría a ser como un gran vampiro de las profundidades estelares que se nutre de oscuridad densa. Encarna el lado negativo del imán y, según algunos, está muy próxima su presencia como la de un gigantesco buitre que viene a alimentarse con los despojos de todos aquellos que se negaron a sí mismos la posibilidad de saltar hacia la luz. Parece que su paso regular e inexorable se ha producido más veces, aunque la memoria humana no conserve las pruebas. Naturalmente, todo esto no más que información sin contrastar, sencillamente porque no hay fuentes fidedignas a las que acudir.

Quizá forme parte de la memoria inconsciente, quizá sea la representación gráfica de otros pálpitos, de otras huellas de destrucción que se conservan en los anales de la historia humana, bajo la disimulada apariencia de relatos mitológicos, leyendas y folclor popular.

Pero el inconsciente colectivo de la humanidad es un bien surtido almacén de experiencias no procesadas por la mente racional. Y ahí está grabado el recuerdo de un gran cataclismo. Las fronteras de este evento se pierden y se diluyen entre el caudal de los múltiples ríos que se entrecruzan por el mapa de un pasado olvidado; no obstante, esta certeza de una destrucción de origen planetario todavía nos acompaña.

Rastreando la historia heterodoxa, la que no está registrada en los circuitos oficiales, no es muy difícil encontrar huellas en el pasado colectivo y remoto de una gran catástrofe. Atlántida es el nombre clave para muchos; el diluvio universal es la versión favorita de los seguidores de la Biblia. Para otros, más minoritarios, el planeta Venus, ese lucero de la mañana que tan próximo está a nosotros en nuestro «barrio planetario», habría sido el escenario donde tuvo lugar el experimento de «otra Humanidad» que nos precedió y que terminó con un fracaso estrepitoso.

Remotas batallas perdidas

Como saben bien todos los estrategas, perder una batalla no significa perder la guerra.

Algunos son partidarios convencidos de la hipótesis que sostiene que nuestro propio planeta fue escenario de una «guerra de los dioses» que terminó con un resultado favorable a las fuerzas próximas a la Oscuridad. En realidad, da lo mismo; sentirse partidario de cualquiera de estas opciones, y de muchas otras que no hemos mencionado, es, otra vez, cuestión de creencias, jamás consolidadas por pruebas irrefutables.

También los hay, naturalmente, que consideran todo esto como fábulas de la imaginación calenturienta y no le conceden el más mínimo crédito. Sin embargo, este importante colectivo sí participa de un cierto grado de expectación y de resonancia con un gran acontecimiento muy reciente en el tiempo: la extinción de los dinosaurios. Algo que ha estudiado la ciencia, pero que continúa inexplicado. La hipótesis más secundada, y que cuenta con más seguidores, afirma que un gran meteorito impactó con la superficie terrestre y provocó un cambio de ritmo en el planeta.

Este enorme golpe originó una variación del eje terrestre, el inmediato deshielo de los polos y una alteración instantánea de las condiciones climáticas y de habitabilidad, desbaratando en un momento el proceso de adaptación y de desarrollo al que durante tanto tiempo tuvieron que acostumbrarse los seres vivos que entonces habitaban la Tierra.

Sucumbieron los grandes representantes de la fauna terrestre, los que más huellas han dejado en la era geológica donde este macroacontecimiento cósmico tuvo lugar. Y esta desaparición intentó ser explicada durante mucho tiempo por las teorías más pueriles; entre ellas, la que sostuvo la comunidad científica sin ningún pudor, cuando llegó a afirmar que los dinosaurios murieron por comer una especie arbórea venenosa; claro que para sostener tan peregrina teoría había que admitir que la hierba venenosa habría aparecido de golpe y todos la habrían comido al tiempo. En fin, las tonterías de algunos miembros de la comunidad científica llenan libros enteros, al igual que sucede con el pensamiento humano y su cohorte de creencias que buscan ser reconocidas, como válidas, a toda costa.

Quizá la extinción de los dinosaurios, por proximidad en el tiempo y porque hay huellas de que realmente existieron y desaparecieron de forma inexplicable, es lo que con más fuerza ha estado emergiendo en la consciencia colectiva desde hace varias décadas. Sin motivo aparente, sin ninguna razón lógica... salvo el recuerdo, la huella de un gran cataclismo que modificó subitamente el panorama terrestre de aquella época.

Una excepción al ritmo de la Naturaleza, que da pasos largos y nada apresurados.

Recuerdo a una niña pequeña, de unos cinco años, obsesionada con los dinosaurios, hasta el punto de que en su fiesta de cumpleaños todos los amiguitos invitados tenían muy claro que el regalo más adecuado era llevarle libros relacionados con estos animales prehistóricos. Hay que tener en cuenta que esto se producía años antes de que el mago del cine Steven Spilberg, recogiera ese montón de pulsiones individuales y las concentrara en otra de sus películas taquilleras.

Se dice que Hercóbulus ejercería el mismo efecto que el gran cuerpo celeste que acabó con los dinosaurios; desviación del eje terrestre incluido, más esa poderosa labor de atracción del barrendero cósmico, que sorbería todas las basuras, interiores y exteriores, de la especie humana.

Repito que son sólo especulaciones, pero conviene estar alerta, sobre todo ahora, en que el paso del milenio va a producir un auténtico bombardeo de informaciones catastrofistas. Y uno no puede abandonarse ni a la histeria de algunos, ni dejarse sumir en los negros presagios de otros, encantados con el protagonismo que su papel de portavoces de la catástrofe les ofrece. Son tan nocivos y perjudiciales como los que se encogen de hombros, siguiendo la táctica del avestruz, y se limitan a afirmar «que no pasa nada, y que, a estas alturas, la técnología lo controla todo».

Un último dato; ahora mismo, los expertos mundiales en prever los gustos y las preferencias del gran público con vistas a colocar los oportunos productos en el mercado, han detectado una fuerte corriente que se inclina hacia las informaciones sobre catástrofes sobrenaturales y desastres terrestres de todo tipo. Y ya han comenzado a servirnos en bandeja este tipo de historias, magnificadas por los excelentes efectos especiales que saben manejar como nadie las grandes productoras cinematográficas mundiales. Así es que comenzamos a asistir a una avalancha de películas, libros y reportajes que se ceban en las inquietantes perspectivas que todos los espectadores del mundo sienten, de una u otra manera, en su interior.

Los vientos soplan fuertes sobre el paisaje de la vida y es momento de decidir qué hacer; una elección sencilla en su formulación, pero extraordinariamente complicada para todos los que se han perdido por los laberintos del ego.

El albañil desmemoriado

Desde nuestra realidad tridimensional sentimos la pulsión vaga y concreta que nos encamina hacia una nueva dimensión. Las fuerzas de la involución y de la evolución actúan, dejando sentir su presencia. Y nosotros somos los que elegimos, los que orientamos nuestro interior, recogido en el crisol de lo cotidiano, hacia una u otra dirección. Desearía, de corazón, que en todos nosotros se activase la fuerza heliocéntrica que está presente en los humildes girasoles, para partipar con ellos de su simple y poderoso mensaje que los lleva a girar su tallo en torno al sol que les da la vida.

Pero la grandeza de un ser humano sobrepasa la de una planta, y esto tiene un coste. Aunque tenemos mucho que aprender del reino vegetal, nuestra tarea no es tan simple. Porque tenemos capacidad de elegir, de decidir. De intervenir en el guión cósmico que recoge el papel de los individuos y también el del colectivo humano. El libre albedrío sería la capacidad de introducir las variantes, acertadas o no, en ese libreto que está creándose ahora mismo, sin desenlace prefijado.

El final de esta historia está todavía escribiéndose para nosotros, y nadie conoce con exactitud cómo y cuándo aparecerá la palabra «fin», ni cómo se redactará el epílogo correspondiente.

Sólo Dios lo sabe.

Pero como nuestra propia voluntad parece que tiene efecto sobre el conjunto, del mismo modo que la actitud interior personal repercute incuestionablemente sobre lo colectivo, recordemos la fábula del albañil desmemoriado. A lo mejor nos sirve para cambiar el rumbo de nuestras construcciones mentales, porque el «clic» de la comprensión puede surgir de pronto y de lo más sencillo.

Un albañil trabajaba laboriosamente en la construcción de una nueva habitación en la casa que quería ampliar. Una vez llegado el término de su trabajo, descubre que se le olvidó la puerta y que no puede salir. Está arrinconado en una esquina, y allí mismo construye una puerta que conduce a otro espacio vacío, sobre el que inmediatamente contruye otra habitación... también sin puerta, que en el último momento hace para volver a construir nuevas habitaciones tras cada salida, en una secuencia lineal e infinita.

Este albañil desmemoriado prosigue con su estúpido trabajo, encerrándose él mismo en habitaciones de donde sale para volver a quedar prisionero de una nueva construcción.

Ninguna de las puertas que levanta le sirven para escapar de su laberinto, sino que lo conducen a nuevas habitaciones sin puerta donde, a partir de ahí, construye otra habitación contigua, que a su vez también carece de salida; nunca llega a salir, atrapado como está en su falta de memoria, en su inercia imparable que lo lleva a construir cuartos y puertas, cuartos y puertas...

Olvidó, en su trabajo diario, las reglas maestras de la construcción, y siempre está encerrado en una habitación distinta pero igual a todas las anteriores.

Y es que se mueve, nuestro pobre albañil, en un espejismo constante. Cada salida es una nueva cárcel, y la fábula afirma que todavía sigue consumiendo su vida en ese quehacer sin sentido.

El mito de Sísifo, condenado a empujar trabajosamente una gran piedra ladera arriba, que siempre vuelve a caer y que le obliga a recomenzar una y otra vez su estéril trabajo, es quizá más angustioso por lo que tiene de castigo, pero al menos el protagonista es consciente de lo que le ocurre. Nuestro albañil ni siquiera eso; es un pobre autómata, y su situación carece del brillo que acompaña a todos los mitos, construidos con el oro y la plata de la sabiduría acumulada durante siglos.

Esta estéril y compulsiva actividad que lo lleva a construir habitación tras habitación, tiene bastante que ver con la forma en que actúa el ego, la suma de los múltiples «yoes» que configuran la máscara de la personalidad.

Cada *yo* es una habitación más, que se alterna con otras muchas, para mantenernos siempre atrapados en la ilusión de realidad que ofrece el ego como triste sucedáneo del auténtico ser.

Una anecdota atribuida a Henry Kissinguer sirve de contrapunto irónico.

En una cena a la que estaba invitado junto con otras muchas celebridades, Kissinguer miró a su alrededor y comentó: «Nunca había visto tanto talento reunido en un sólo recinto, desde aquella tarde en que estuve a solas en el Salón de los Espejos, en Versalles.»

El encendido de la red luminosa

El ego se sustenta sobre las creencias mentales de todo tipo; es una construcción de la mente y tiene su origen en la idea de separacion. En esa caja de Pandora están encerrados todos los males del mundo, y cada uno lleva su propia parte incorporada.

Cada día que pasa aumenta la certeza de que somos parte de la Unidad, de que todo esta interrelacionado, y de que todos compartimos un patrimonio común de origen divino.

Ahora las luciérnagas estelares intensifican su luz para señalarnos mejor el camino, porque éstos son tiempos que se abren hacia la posibilidad de un futuro distinto.

Está ultimándose el encendido de una gran red luminosa; es el tejido vivo del Amor, que todo lo une y todo lo envuelve.

Conecta con la sustancia interior que configura nuestra chispa divina. En el momento en que se prendan, al unísono, todas las luces sobre el planeta, muchos no podrán resistir esa luz de alto voltaje. Sus ojos internos, acostumbrados a la oscuridad, se sentirán heridos.

Es tarea de todos ir preparándonos para ese encuentro con la luz.

Hemos pasado demasiado tiempo caminando a tientas; ya llega el momento en que se producirá la gran iluminación. Esta luz tiene una única fuente, pero está también en nuestro interior. Brillará para todos, pero puede que aquellos que tengan sus circuitos internos preparados sean los que mejor puedan conectar con su esplendor y fundirse en él.

En esta hipótesis, los que vayan despertando primero del sueño colectivo llamarán a los demás. Esa avanzadilla, esa vanguardia, actuará como la máquina de un tren, al que después se engancharán más y más vagones.

La energía que permite el proceso de cambio, de cruce de fronteras hacia una nueva Humanidad, fluye a través de todos. Muchos han estado preparándose para este momento, aun sin saberlo; no estamos viviendo estos tiempos por casualidad, sino por una causalidad personal cuyo origen remoto se nos escapa.

La obra de la vida continúa, se abre una nueva escena.

Y no hay que perder los papeles, precisamente porque la verdadera labor no es renunciar al mundo en beneficio del espíritu, sino todo lo contrario: llevar el espíritu al mundo.

Aquí es donde estamos y aquí es donde tenemos que trabajar; los materiales nos los proporciona nuestro día a día, y contamos con muchos aliados para llevar a buen término nuestra tarea.

No estamos solos en esta empresa; demasiados dependen de que la nave llegue a buen puerto, y hay presencias invisibles que acompañan a la Humanidad desde sus primeros albores, quizá porque este experimento planetario necesita de guías y mentores, y en la encrucijada que tenemos abierta están a nuestra disposición todas las corrientes y fuerzas positivas del Universo.

Que el miedo no nos arrastre a la oscuridad. El personaje del bibliotecario en la obra de Umberto Ecco, *El nombre de la rosa,* quiere alejar de todos un libro que es su «bestia negra» particular: un tratado de Aristóteles sobre la comedia. Emplea para sus asesinatos un recurso clásico en las novelas policiacas; envenenar las esquinas de las hojas, para que, al pasarlas con el dedo humedecido por la saliva, el veneno llegue al organismo de sus víctimas. Estos asesinatos tienen un móvil patológico: el temor que le proporciona la risa. El bibliotecario llega a afirmar que «la risa mata al miedo. Y sin miedo no hay temor al diablo ni hace falta religión».

Efectivamente, la risa y la sonrisa son buenos aliados para desmontar las sombras del miedo.

Tienen mucho que ver con la inocencia y también con la alegría de no saberse solos.

Si sonreír es permitir que un rayo de sol ilumine el rostro y caliente el corazón, reírse juntos es lo que más une a las personas. Sólo así es posible compartir positivamente todo tipo de experiencias, sacándoles el jugo y poniendo atención en todos los detalles. Como aquella de encontrarse, en un callejón de un pobre pueblo de Sudamérica, un rótulo que le daba nombre: «Calle de la Esperanza.» Al lado de esta placa, otra con el siguiente mensaje: «Prohibido el paso.»

La hermandad de las estrellas

De los aliados interiores seguiremos hablando con más detalle, pero ahora demos un rápido vistazo a todos los que comparten camino junto con nosotros. Son los miembros de una Hermandad de las Estrellas, un nombre poético para denominar ese conjunto de fuerzas luminosas a la que se integran cada vez más aspirantes humanos.

Muchas escuelas hablan de una Hermandad cósmica, aunque la llaman de distintas maneras; pero es difícil entrar en detalles de cómo es y por quién está in-tegrada, porque cada una de estas escuelas interpre-ta su existencia de un manera personal; «filtran» a través del colador de sus creencias, y así encontramos diferentes formas jerárquicas de organización, concebidas según los esquemas que da por válidos la mente humana, y que se parecen mucho a una oficina del espíritu, o a un cuartel: bases, personal de tropa, mandos intermedios, hasta ir subiendo en grados e importancia hacia la cumbre de la pirámide.

Naturalmente, cada una de estas corrientes de pensamiento, agrupadas en órdenes o escuelas, dice beber en las fuentes de las escuelas iniciáticas de la Antigüedad, y se consideran como puerta de acceso imprescindible para llegar a esa Hermandad que se mueve en planos no visibles.

Y tienen sus propias reglas y normativas; recuerdan mucho a las de una burocracia de ventanilla, póliza e impreso. Si el carnet llega a ser más importante que la esencia, mal vamos.

A los buscadores que quieren encontrar guía y respaldo en su solitario camino no se les puede aplicar las mismas fórmulas de organización que las que rigen un partido político o un club de fútbol.

De la auténtica Hermandad de las Estrellas no sabemos nada o casi nada; ni cómo está configurada ni quiénes la integran.

Intuimos que se mueve en diversos planos y que en ella se encuentran algunos seres que ya han trascendido esta dimensión, junto con otros que no tienen un origen terrestre. De su jerarquía, si es que existe, nada que se pueda comprobar sabemos. A lo mejor su estructura responde a otros modelos más evolucionados, de los que no tenemos todavía conocimiento.

Sin embargo, lo que sí está al alcance de todos nosotros es ver esa paralela hermandad de amigos invisibles (porque muchas veces no conocemos ni sus nombres ni sus caras) que tienen los pies puestos sobre la tierra, y avanzan, con su trabajo cotidiano, sus esperanzas y sus esfuerzos a cuestas.

Quienes también están próximas son las presencias angélicas, o comoquiera que cada uno prefiera llamarlas, que aparecen en nuestra vida en momentos especiales, dejando un aroma de eternidad a nuestro lado... para desaparecer pronto, como la fragancia intensa que exhala una flor recién abierta.

A estos seres no se les pueda atrapar en ninguna forma de pensamiento; cuando aparecen, son vuelos estelares, revoloteos de mariposas del espíritu, cuyas alas se deshacen en un polvillo de oro en cuanto se intenta que entren en el cazamariposas de la mente.

Pero la huella que dejan sí es indeleble; en algún lugar de nuestra alma queda grabada, y podemos recuperarla tan fresca como cuando se imprimió, todas las veces que nos recogemos internamente para acceder a ese lugar donde está guardada.

Son regalos que el poder del Amor nos hace. Quien los recibe, los guarda como sus más preciadas pertenencias.

Amigos especiales

La Hermandad de las Estrellas también tiene su equivalencia en este mundo. Está formada por todas esas personas que, calladamente, buscan en su vida el foco de luz del espíritu.

Son los buscadores, los amigos invisibles, con los que nos encontramos de vez en cuando, en cualquier cruce de camino; no hace falta ningún dato preciso para que se produzca el reconocimiento, ni siquiera hace falta que nadie nos haya presentado previamente.

A los amigos no se les conoce, se les reconoce. Quizá por la intensificación de la actividad de la luz, cada vez son más frecuentes estos reconocimientos.

La experiencia personal, a este respecto, es insustituible. Quien esto escribe tiene innumerables oportunidades de comprobarlo en carne propia: por mi trabajo, centrado en la comunicación, lo experimento con una frecuencia inusual para el que no tenga tantas oportunidades de entrar en contacto directo con muchas personas. Y es emocionante.

No por repetida, la sensación pierde ni un ápice de su frescura: constantemente aparecen en mi vida nuevos amigos especiales, de los que no sé casi nada de forma oficial, pero en los que, instantáneamente, se percibe una añeja familiaridad, un cierto grado de comodidad, porque se **sabe** que el entendimiento se produce sin necesidad de muchas palabras o de dar vueltas y vueltas por los pasillos de los convencionalismos sociales.

Todas las explicaciones son superfluas, todos los datos de quiénes son, cómo viven, en qué trabajan y cúal es su situación familiar, no valen para nada, y uno se puede saltar alegremente todos esos requisitos previos, y en ocasiones fatigosos, sabedor de que esos datos no importan nada ni tienen que ver para que el contacto se establezca y el reconocimiento surja.

Tampoco sirven de nada, en este tipo de encuentros, los tanteos de reconocimiento que todos hacemos cuando nos presentan a una persona desconocida. Con este tipo de amigos se ahorra uno todos esos preliminares, que se demuestran inservibles. La conexión está, y eso es todo. Y ese reconocimiento no tiene ningún propósito ulterior; se percibe, se aprecia, se guarda... y se despide uno hasta la próxima ocasión, que puede que tenga lugar o no.

Estos *amigos especiales* son personas en las que se percibe inmediatamente unos viejos lazos de amistad, y que desaparecen pronto, a veces sin que la memoria retenga ni siquiera sus nombres. Pura paradoja, pura realidad que trasciende lo convencial, como los *koans* del budismo zen. Lo que no se evapora nunca es la certeza de que son viejos amigos, y que han dejado, como un regalo exquisito, el valioso testimonio de su existencia.

Y a todos esos seres que han hecho posible el despertar de una afinidad muy especial y cuyo encuentro es un regalo de la vida, gracias. A todos ellos, y a los millones de buenas personas que viven en todo el mundo, mi agradecimiento más sincero por la inmensa alegría que me sigue proporcionando el intuir su presencia. Esa certeza de que existen y están ahí apuntala la esperanza en el cambio y cimenta la confianza en que se puede realizar, porque somos muchos los que estamos en la misma tarea de abrir puertas hacia el futuro, desde el (aparentemente) insignificante marco de lo cotidiano.

La soledad del buscador

Aporto estos breves apuntes de mi experiencia personal con el ánimo de compartir una certeza que quizá pueda ayudar a esos buscadores solitarios que, en ocasiones, se sienten solos.

Si la soledad manchase, no habría agua suficiente en todos los ríos para lavarla, ha dicho el escritor Antonio Gala. Y tiene razón, porque en estos tiempos la soledad profunda que experimenta el buscador, aunque esté rodeado de personas, es muy intensa y puede llegar a ser claustrofóbica.

No con todo el mundo se puede hablar de lo que a uno le interesa, no es fácil encontrar personas afines con las que compartir y desarrollar nuevas experiencias.

Al contrario; parecería que el mundo de las relaciones se mueve por otros derroteros... y se complace en poner zancadillas y en aislar a quien de verdad se interesa en las relaciones personales, pero como forma de crecimiento conjunto; algo más que el puro intercambio social que se produce por los habituales lugares comunes entre parientes, conocidos y hasta en las propias parejas.

Se sabe que uno de los códigos de reconocimiento de las especies reside en el sentido del olfato, porque inmediatamente proporciona la información necesaria para saber si quien se aproxima es un miembro de la misma especie o no. Me parece que este sentido, en su expresión más sutil y de más alta vibración, es lo que permite que el reconocimiento instantáneo se produzca entre esos *amigos especiales*.

Todos los seres humanos, por el hecho de serlo, contienen la misma semilla del espíritu; pero como cada uno procede de diversas ramas y se encuentra en distintos puntos evolutivos, es normal que uno sienta más afinidad con unos que con otros.

Sólo el solitario auténtico sabe apreciar el aroma profundo que impregna el encuentro con otros *semejantes,* porque le proporciona la certeza de que no está sólo aunque nadie, aparentemente, le acompañe. Esa compañía existe y no hace falta su presencia constante para saber apreciarla y valorarla en su justa medida.

La soledad del buscador es parte del precio que debe pagar durante un tramo del camino.

Depende de los cómputos kármicos de cada uno el que este tramo sea más o menos largo, pero parecería que es imprescindible una etapa de soledad auténtica para que se convalide su íntimo anhelo de encuentro con la dimensión espiritual encerrada en sí mismo, y después pueda ser contrastado con el encuentro con otro ser en iguales circunstancias.

Encuentros y desencuentros

Ése es el encuentro verdaderamente válido, porque nace del vacio que se llena, de la ausencia que se colma.

Luego hay desencuentros, como los que se producen en otros muchos que hacen este recorrido acompañados por su pareja, aunque generalmente ésta sólo lo es realmente en determinados ámbitos de la vida en común. En la faceta de la búsqueda espiritual, están sólos porque el otro no entiende qué es eso, y en su ignorancia, a veces lo ridiculiza o lo teme, como algo desconocido que no termina de comprender. A nadie le gusta que el compañero o compañera se «desmarque».

La pulsión interna, la que marca la cadencia precisa del paso, es un latido personal, que se produce al ritmo exacto de uno mismo... y esos acompañantes que están ahí a veces no son más que mudos comparsas, pasivos espectadores que contemplan sin comprender y hacen que se adaptan a un ritmo que no es el suyo. Este desfase suele producirse cuando el avance del buscador está protagonizado por el miembro masculino de la pareja; la mujer, en su sabiduría ancestral y en su costumbre milenaria de guardar y no soltar nunca, adopta la estrategia de la espera y trata de adaptarse a lo que no comprende. No entiende qué es todo eso de la búsqueda espiritual, y aunque le suena a chino, en general, ella también se apunta... como se apuntaría al mundo de las motos o del aeromodelismo, si esta afición se hubiera despertado en su hombre y temiera que, de no sumarse, se alejaría de ella.

Si es a la inversa, la cosa se pone más difícil; el hombre menos evolucionado no está entrenado para esperar, y sí para marcar las normas de la convivencia; en cuanto nota que ésta se le escapa por fisuras de las que no tiene ninguna referencia, impone sus condiciones... y en muchos casos la mujer se ve obligada, como un guerrillero en la espesura, a emplear tácticas subversivas que a veces rozan con la clandestinidad, para continuar informándose de lo que le interesa.

Todo esto son generalizaciones, por supuesto. Y además no es objetivo de estas páginas el hacer un análisis sociológico de cómo son las relaciones de pareja, ni de los diversos modelos de hombres y mujeres que buscan un acoplamiento entre sí, en otros espacios más sutiles que nada tiene que ver con la prodigiosa y natural geometría de los cuerpos.

Simplemente, es una pequeña observación relacionada con esa soledad que casi siempre experimenta el buscador, para que comprenda que no está sólo realmente, porque hay muchos en su misma situación, y que son compañeros para él, aunque el gratificante contacto directo no se produzca. La posibilidad de relacionarse con personas afines depende mucho de la propia actitud interior y de la aceptación previa de la soledad.

No sé si el alma gemela existe, porque nunca he conocido a nadie que realmente la hubiese encontrado, y, por tanto, no tengo los datos suficientes para afirmarlo. Sin embargo, sí conozco a personas que han encontrado a compañeros idóneos de ruta, que además han compartido la ternura y ese punto de comprensión física y psíquica que sólo se produce, como una chispa mágica, entre dos personas complementarias. No importa tanto qué duración puede haber tenido este encuentro; días, meses o años es lo de menos. Un tramo del camino se ha hecho compartiendo la vibración acompasada, con el prodigioso eco de dos pasos paralelos sonando al unísono.

Aparte de estos encuentros especiales, lo que también puedo afirmar, porque lo compruebo en mi trabajo diario, es que *los amigos especiales sí son y están.*

Una presencia efímera, puntual, que trasciende los límites habituales de las relaciones y de los contactos asiduos. No hacen falta, no son imprescindibles. Cumplen su función de provocar la certeza, la seguridad interna de saber que hay muchos más *amigos especiales* de los que pueda parecer a primera vista, y que todos, conjuntamente, desde sus individualidades, están trabajando en la misma dirección, para que el estallido de la luz sea una realidad sobre el planeta y también se produzca dentro del templo sagrado que es cada individuo, maduro ya para la transformación. Luz de fuera, luz de dentro: divinas sincronías, sumas y uniones que propicia el poder del Amor.

Son *los muchos que trabajan para todos.* Un reparto de funciones que va acorde con los tiempos trascendentes que nos toca vivir.

Y por extensión, podemos pensar que las redes planetarias formadas por las personas de buena voluntad orientadas hacia la luz, también están ahí, sólidas, vivas y calladas, preparando el paso a nuevas dimensiones.

A lo ancho y lo largo de las fronteras geográficas, entre esos casi cinco mil millones de seres humanos que habitan el planeta, también tienen que vivir muchos seres afines... compañeros todos de la Hermandad de las Estrellas.

Se dice que los lazos de sangre son lo más poderoso en el ser humano; lo que nunca nadie nos ha contado —lo comenzamos a experimentar como algo

nuevo— es que existe un poder no emocional, no atá-
vico, en los lazos sutiles que ligan entre sí a muchos
compañeros de viaje, con los que hemos compartido,
en otros tiempos, intensos episodios olvidados en la
amnesia colectiva que opera sobre nuestras conciencias. Este poder de atracción no involucra, sino que
trasciende, a esos componentes del ser humano que
se mueven por los resortes del ego y de la personalidad, siempre puntos flacos del mundo ilusorio de las
necesidades emocionales y los deseos.

Quizá estos lazos, sutiles pero poderosos, lejanos
pero próximos, sean el origen del reconocimiento, que
no precisa de más razones para que se produzca.
Responde al plan preciso, exacto, que fue trazado
desde el centro de la Voluntad y ahora está cumplién-
dose.

En la memoria profunda está todo; no se comienza
por aprender más cosas nuevas, sino por recordar.

NOTAS PERSONALES

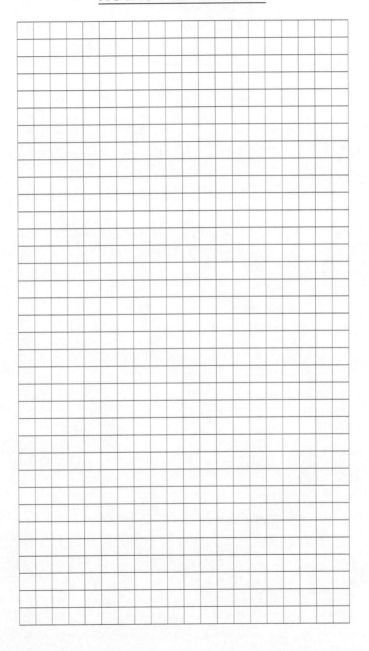

El arte de
desaprender

5

PARA conectar con la presencia del Amor y establecer la conexión con su poder, no hay que aprender nada.

Al contrario. Se trata de desaprender, de eliminar de nosotros muchos de los conceptos adquiridos, de abandonar los prejuicios, de liberarse de las creencias. En realidad, la tarea consiste en borrar muchos de esos programas mentales que han ido dejando impresos en nosotros la educación y el ambiente en que hemos crecido.

Vaciarse de conceptos sería la clave.

El valor de una taza está en su vacuidad, dice Lao Tse, el maestro taoísta. Y es tan sencillo como esto que podemos comprobar fácilmente: cuando se quiere echar más té en una taza llena, el líquido se desborda y se derrama, inservible, sobre la mesa. Primero hay que vaciar, luego llenar. El soporte altamente sensible de nuestra mente guarda relación con una cinta de vídeo o de casete; antes de grabar nueva información, hay que borrarla y volverla a poner en el punto cero.

Muchas veces el árbol no nos permite ver el bosque. Tagore decía que quien llora por la pérdida del sol, las lágrimas le impiden ver las estrellas. Hay cosas evidentes, pero que, precisamente por serlo, las pasamos por alto en nuestro devenir cotidiano. No las vemos, no las reconocemos, porque están demasiado cerca de nosotros, son demasiado obvias. Y muchas veces en ellas radica la enseñanza, lo que llamamos *el aprendizaje del desaprender.*

Como pequeña anécdota, la de aquella anciana que todos los días cruzaba la frontera mexicana con una moto cargada con un gran saco de arena en la rejilla trasera. Al funcionario de la aduana, pronto este ir y venir le despertó sospechas y le preguntó:

—¿Qué lleva en ese saco?

—Sólo arena, señor.

El inspector vació el saco y, efectivamente, vio que no contenía más que arena. Intrigado, un día le dijo a la ancianita viajera, que continuaba con su ir y venir de Estados Unidos a México:

—Prometo, por mi honor, no detenerla ni decir nada en comisaria, pero, por favor, confiese: ¿Lleva contrabando o no?

—Sí —respondió la anciana

—¿Qué es lo que pasa?

—Motos.

Un aprendizaje diferente

La resolución de los problemas proviene de la experiencia cotidiana, del hecho de ver las cosas como realmente son y no como nuestra mente educada (y adiestrada hacia unos modelos de comprensión concretos y excluyentes) nos dice que deberían ser.

En el momento en que empezamos a arrojar lastre, a eliminar lo que no nos pertenece, a distinguir lo que proviene del exterior y es algo adquirido de lo inmutable que está en nosotros, es cuando ya estamos bien encaminados.

Casi nadie lo hace, y esto lo sabía bien nuestra viejecita motorista, que todos los días pasaba por delante de las narices de los aduaneros sus flamantes motos estadounidenses de contrabando, todas del mismo modelo y color, segura de que siempre revisarían su cargamento y no repararían en el vehículo que lo transportaba. El celo de los funcionarios de aduanas responde a su entrenamiento de buscar lo escondido y, por tanto, lo evidente les pasaba desapercibido.

Esta anécdota la podemos extrapolar a nuestra rutinaria forma de mirar, un tanto desentrenada para percibir lo real, porque nadie nos mostró cómo hacerlo. Es algo que cada cual tiene que aprender por sí mismo.

Aprender es reordenar y reconectar.

Tenemos la idea de que el aprendizaje es algo semejante a comprar o adquirir algo nuevo; como si colocásemos un libro más en una estantería llena de libros. Pensamos en lo que aprendemos como algo separado de nosotros, y que se agrega sobre lo ya sabido.

Amontonar, apilar, coleccionar; éstos son los conceptos que muchos tienen asociados al conocimiento. Detrás subyace la noción de que hay algo que conseguir. «Me estoy acercando», o «todavía estoy muy lejos», son expresiones que se escuchan muchas veces.

Recuerdo con especial cariño a una persona del público que llenaba el salón al que había ido a dar una conferencia; el ambiente estaba caldeado, la charla ya había terminado y nos encontrábamos en medio de un jugoso coloquio, donde las preguntas y las observaciones eran inteligentes y además surgían de forma fluida, como cuando uno piensa en voz alta en una reunión de viejos amigos y no se preocupa de cómo hablar ni de qué pensarán los demás.

El hecho de que hubieran varios cientos de personas no restaba ni un ápice de intimidad a la atmósfera que se respiraba. Como tantas otras veces, comprobé que realmente en la sala se encontraban muchos *amigos especiales* de esos que hablábamos antes; por eso el ambiente era especialmente cómodo y familiar. Una mujer comenzó a expresar sus dudas acerca de si aprendía con el vivir o no. Tomaba como referencia lo que todos conocemos como aprendizaje convencional, y afirmaba que ella no aprendía nada porque «no le entraban en la mollera muchas cosas», según dijo. El sentido del humor con que se expresaba, la lucidez de sus observaciones, sencillas y sin adornos, revelaba que se trataba de alguien que, de verdad, había aprendido. *Sabía* desde lo esencial, y su conocimiento estaba incorporado en sus palabras, que destilaban sabiduría de la auténtica.

Le dije que, escuchándola, se podría pensar que acababa de salir de un largo periodo de entrenamiento en un monasterio zen.

No conozco su nombre, pero lo que no se me olvidará fue su sonrisa cuando me escuchó decir esto.

Estoy segura que, en ese momento, ella misma se dio cuenta, sintió un «clic» de comprensión instantánea. Lo que estaba haciendo era dibujar un *koan* con sus palabras, porque ese «no me entra en la mollera» dejaba entrever, al mismo tiempo, que la luz del conocimiento sí le había entrado en otros espacios distintos al del razonamiento lineal y plano, que son los parámetros por donde se mide el aprendizaje convencional.

Paradojas que le suceden *a quien sabe y no sabe que sabe.*

A este respecto, hay un aforismo clásico, que más parece un trabalenguas, pero que conviene meditar porque agrupa a cuatro tipos básicos de personas:

El que sabe, y sabe que sabe, es sabio, consúltalo.
El que sabe, pero no sabe que sabe, ayúdale a no olvidar.
El que no sabe, y sabe que no sabe, instrúyelo.

Por último, el que no sabe pero aparenta que sabe, es un perfecto necio, aléjate de él.

La creación de una obra maestra

Una obra maestra surge siempre del toque genial aplicado sobre poca cosa. Las notas musicales siempre son siete, y ahí están las grandes sinfonías. La paleta de un pintor es la misma para cualquiera que ponga los colores básicos sobre ella. Los ingredientes para elaborar un gran plato son accesibles para todos, pero ¡qué gran diferencia hay entre lo que hace un genio de la cocina y las chapuzas de los aficionados!

La obra de arte traduce la visión interna del genio, pero siempre se realiza con los mínimos ingredientes, que están a disposición de todos. El aprovechamiento de recursos, la economía de materiales es una de las normas con las que trabaja la naturaleza, como saben bien los naturalistas. Disponer sabiamente de los propios recursos, sin pensar que nos falta entendimiento o conocimientos o cultura, sin cargar responsabilidades vacuas en lo que no tenemos, es una manera de empezar a actuar con valiosísimos materiales que ya son nuestros, y no quedarnos atados a quimeras que siempre arrancan con las palabras «si yo hubiera...», «si yo pudiera...».

Este tipo de personas, en lugar de vivir, *piensan acerca de cómo vivir.*

En vez de experimentar, se plantean cómo debe ser la experiencia.

El arte de desaprender es una labor de auténtica creación; por eso lo llamamos arte. Al igual que un gran artista logra encontrar la expresión genial en sus obras, cada uno de nosotros puede hacer de sí mismo una obra de arte, pero no estática ni fija como puede ser la que se encierra en un cuadro, sino viva, cambiante y móvil.

El **aprendizaje del desaprender** consiste en permitir que aflore todo el conocimiento que está en nosotros y abrirnos a su comprensión de forma consciente. La sabiduría intemporal está ahí, presente en nuestra naturaleza. Solamente hace falta quitar lo superfluo para que emerja.

El *David* de Miguel Ángel es una de las esculturas más prodigiosas del mundo. Cuando le preguntaron al artista cómo había podido hacer algo tan perfecto, cuentan las crónicas que contestó: «Yo solamente he quitado lo que le sobraba al bloque de mármol.»

Todos podemos empezar a quitarnos cosas que nos sobran y nos estorban; por ejemplo, la importancia personal.

Todos estamos listos para simplificar la visión de nosotros mismos, si decidimos hacerlo. Observar la propia historia como un espectador contempla una obra de teatro, es convertirnos en testigos de nosotros mismos; desde ahí podemos comenzar a *des-dramatizar,* a *des-implicarnos,* a quitar el acento pomposo con que las emociones tiñen las experiencias... y nos mantienen atados a ellas, impidiéndonos ser ecuánimes y libres.

Para conocer la verdad encerrada en algo, primero hay que liberarse de las opiniones a favor o en contra.

Lo mismo que para montar en bicicleta no hace falta pensar, para conectar con el poder del Amor no es necesario darle vueltas y más vueltas a la cabeza.

Complicamos todo demasiado. Y el mundo es un enredo de la imaginación de los millones y millones de hombres que han vivido y viven en él. «Buscar la mente con la mente es el más grande de los errores», nos dice el budismo.

Por eso las elucubraciones no llevan a nada, y no es precisamente metiendo datos y más datos en «la mollera», como decía nuestra amiga, como nos convertiremos en maestros del sutil y paradójico arte de *aprender desaprendiendo*.

El ayuno de la mente

El verdadero aprendizaje no surge del «haz esto y no hagas aquello». Se aprende de la observación de *lo que ocurre* cuando uno hace esto o aquello. Importa más el proceso que la obsesión por el resultado.

Si esto trasciende el marco de la idea y anida dentro, convirtiéndose en una actitud interna, mágicos circuitos se activan; los canales interiores producen ciertas imágenes, cierto tipo de percepción que hace que el proceso adecuado se ponga en marcha y lleguen, del «exterior», los materiales adecuados para cristalizarlo en la realidad visible. Entonces el resultado está contenido en el propio proceso y se desarrolla, ampliándose a sí mismo, como una onda concéntrica que aumenta más y más su radio de acción.

El taoísta Chuang Tzu habla del ayuno de la mente. Si permitimos que la mente ayune, el proceso de desaprender entra en marcha y es entonces cuando se da el aprendizaje.

Ayunar mentalmente es exactamente igual que ayunar físicamente; se trata de no ingerir, durante un cierto tiempo, ningún alimento. El alimento de la mente son los pensamientos; podemos probar a dejar de suministrarle, por un corto periodo de tiempo, su combustible habitual.

Entre todos esos pensamientos que constantemente nos llenan de ruido mental, apenas si se encuentra una mínima porción que alcance la categoría de ser conscientes; parte de ese zumbido interno se transforma en palabras, igualmente desprovistas de consciencia.

Para ayunar mentalmente, podemos proponernos diariamente tres cosas. La primera, entrar en el silencio interior y refugiarnos, siquiera unos instantes, en él. Puede ser al final o al comienzo del día. Y paralelamente, a lo largo de toda la jornada, dejar de emitir opiniones y juicios. Como curiosidad, propongo al lector que desee hacer este pequeño ejercicio, que anote en un pequeño cuaderno todas las veces en que, en un sólo día, tiene oportunidad de lanzar al aire, casi siempre sin base y sin datos, sus juicios de valor y sus opiniones (por no decir sus críticas) sobre todos y sobre todo. ¡Se sorprenderá al comprobar el elevado número de ocasiones en que se habla de más!

Por último, estar muy atento y evitar todos los momentos en que sus pensamientos le lleven hacia el pasado o hacia el futuro.

Aquí y ahora, centrados en lo que se esté haciendo, es la tercera consigna de estas jornadas de ayuno mental que proponemos. Sin hacer avanzar ni retroceder a la moviola mental en el tiempo, con los botones del recuerdo hacia lo que ya pasó y de la proyección hacia lo que haremos en un futuro.

Como se dice en el budismo, «cuando más hablas o piensas sobre algo, más te alejas de la verdad. Cesa de hablar y de pensar, y no habrá nada que no seas capaz de conocer».

Practicar de vez en cuando un ayuno mental es una excelente práctica higiénica para eliminar muchas de esas toxinas que atascan los circuitos internos y nos mantienen en una tensión constante, impidiéndonos percibirnos tal y como somos, y consecuentemente, empañando los cristales de las gafas mentales con que observamos la realidad.

El mito de lo infantil

Los niños aprenden por imitación; ajustan su molde original al molde de lo que los rodea. El resultado son adultos que, a su vez, comparten e imponen sus moldes a las siguientes generaciones. No es éste un modelo válido para quien desee quitarse capas y más capas de óxido mental hasta llegar a su verdadera sustancia. De los niños se puede aprender mucho, pero sólo es posible hacerlo integrando lo observado y mezclándolo con la conciencia adulta.

Se habla mucho de la inocencia en este libro, pero no de una inocencia imposible para la persona madura que, sencillamente, ya dejó atrás la infancia. Conviene hacer ciertas matizaciones para no confundirnos. De nada sirve quedarse añorando el paraíso perdido de la infancia, porque ya no puede volver, y la mirada líquida con que contemplábamos el mundo entonces se ha diluido en esta realidad que damos por válida. Estamos en otro punto del camino, en otra etapa de nuestra propia evolución interna, y es desde aquí, con lo que somos ahora, desde donde podemos empezar a interactuar.

El Amor fluye mejor desde la inocencia. No se trata de aprender a reconocerlo como un niño, porque quien lee estas páginas ya no lo es. Es cuestión de aprender a detectarlo desde la conciencia adulta, permitiendo que la inocencia del niño que fuimos aflore y se mezcle con ella.

Una sabia y misteriosa alquimia, que toma como punto de partida al niño sumándole las capacidades que ha desarrollado el adulto. Ésta es la clave que permite hacer obras maestras a los grandes creadores.

Los mejores bailarines se mueven con la despreocupación y la aparente falta de objetivos de un niño. Pero la maestría de sus movimientos proviene de la conciencia adulta que hay tras esa aparente liviandad con la que trazan dibujos en el aire con sus cuerpos. Los cuadros de Picasso no los pueden pintar los niños, porque sólo un gran artista es capaz de pintar, desde su madurez, de forma semejante a un niño.

Un adulto tiene más capacidad que un niño para hacer abstracciones, para razonar, para usar las palabras, para preguntar y para explicar. Con la abstracción puede destilar esencias intangibles a los sentidos, con las palabras puede crear puentes o celdas. Todas estas capacidades son en sí maravillosas, pero, como casi todo, depende del uso que se las dé.

Nos alejan de la manifestación del Amor cuando están viciadas y se utilizan inadecuadamente.

El pensar *acerca de* interfiere casi siempre con el simple *hacer,* y ahí surge la traba, el palito metido en la rueda que deja de rodar.

Lo apuntábamos en el primer capítulo, cuando hablábamos de montar en bicicleta. Para recuperar la armonía precisa entre el intelecto, las emociones y los movimientos y acciones, hay que desbloquear antes que nada y después equilibrar. Hay personas que son todo emoción, hay otras que cargan todo el acento en sus procesos mentales, en sus razonamientos. Nunca pedalearán sobre la bicicleta de la inocencia. Han perdido la facultad de avanzar en armonía, porque en lugar de moverse piensan acerca de cómo moverse, o se preocupan por el resultado de sus movimientos.

La propia infancia es un camino de dos direcciones, que podemos recorrer siempre que lo hagamos conscientemente. Es de regreso, cuando trabajamos con nuestro niño interior * para sanar esas heridas que han ido creciendo con nosotros, y es de integración y

---

* Véase el libro *Luz en lo oscuro,* Edaf, 1996, y la cinta de casete del mismo título que incluye ejercicios prácticos sobre el niño interior y otros temas.

avance cuando incorporamos cualidades de ese niño que fuimos, sin caer en clichés estereotipados.

Es imprescindible tener muy claro que estamos en un proceso de completamiento y de unificación, y no a la inversa.

«Clics» y otras conexiones

Desaprender es aprender de nuevo desde otra perspectiva. Un cierto *clic* interno que se produce de vez en cuando, es la prueba, la comprobación de que determinada unión se ha establecido: algo ha cambiado en nosotros. Y cada uno de estos *clics* atraen hacia sí otros. Lo semejante llama a lo semejante.

Es tarea imposible explicar en qué consiste este *clic* con palabras, al igual que resulta imposible intentar describir a un ciego el color amarillo, o querer definir el sabor del dulce a quien no ha comido azúcar en su vida.

Podemos intentar una aproximación, tomando como referencia la forma en que el símbolo actúa en nosotros. Es una cierta forma de encaje, como cuando dos piezas troqueladas de forma complementaria se ajustan perfectamente entre sí y el dibujo del puzzle cobra sentido súbitamente.

De hecho, etimológicamente, la palabra *símbolo* procede del griego *symballein,* que significa *reunir,* y en otras acepciones, *envolver, asociar* y *ocultar.* La primera aparición de esta palabra la encontramos en el antiguo Egipto; servía para denominar una especie de precinto de plomo que garantizaba la inviolabilidad de lo guardado. Se trata del primer precinto de garantía del que se tiene noticias.

Al mismo tiempo, el símbolo es una codificación; para el observador no iniciado resulta imposible acceder a ella para saber lo que guarda.

La característica más definitoria de un símbolo es que, según Udo Becker, un estudioso alemán del mundo de la simbología, «debe abarcar un mensaje completo y concreto».

En el inconsciente colectivo tenemos incorporados todos los símbolos codificados que durante milenios han utilizado nuestros antepasados. Y no hace falta explicar cómo actúa la fuerza del símbolo: quien ve una alianza, piensa en compromiso matrimonial; si es una herradura con siete clavos, la asocia con los juegos de azar y la buena suerte, y asi sucesivamente.

El *clic* es algo muy parecido, pero con dos elementos que lo diferencian: el primero, que el mensaje interno es claro e inequívoco (lo que no sucede con todos los símbolos), y segundo que es una experiencia personal e inefable. De ahí proviene su valor y su rareza; difícilmente se puede compartir con quien no lo ha experimentado.

En la búsqueda diaria del poder del Amor presente a nuestro alrededor de forma constante, los *clics* abundan. Funcionan con precisión asombrosa, como cuando se riega una planta seca y las hojas mustias se elevan, vibrantes de vida y lozanía.

No hay conceptos, sólo experiencias.

Aprender a conectar con el Amor y reconocerlo en cualquier instante, envuelto tras las apariencias, depende del enfoque interno. Es un fenómeno especular, donde una vez más se cumple la máxima hermética del «como es fuera es dentro». Si se lo enfoca como si existiera dentro —y de hecho lo está—, solamente hay que dejar que se vaya liberando hacia fuera y, al mismo tiempo, atrayéndolo hacia dentro, hasta que la creencia de la separación se funde y se diluye en un Todo donde sólo el Amor existe.

Avanzar a oscuras

Si el Amor no está en el corazón, no se puede encontrar en ninguna parte. No tiene sentido la búsqueda, que siempre debe realizarse explorando las propias sombras. Ése es el territorio interno que hay que conquistar.

«Quien quiera certidumbre en su camino, ha de avanzar a oscuras», nos dijo San Juan de la Cruz.

La historia de la llave y el farol es una narración antiquísima que aparece en muchas tradiciones y que incluso ha traspasado las fronteras del tiempo y del espacio para convertirse en un chiste moderno, que incluyen en su repertorio algunos cómicos. No deja de ser sorprendente la extraordinaria flexibilidad y permeabilidad que tienen los relatos de este tipo, porque siempre aparecen como brotes frescos que desafían, resistentes, el paso del tiempo.

Es lo que llamo *cuentos inteligentes*: narraciones dotadas de vida propia que siempre sobreviven y que además poseen el extraño don de ser comprendidos por todo el mundo. Desde una viejecita, pasando por un niño y llegando a un sesudo intelectual. Cada cual conecta con la porción de mensaje que está en resonancia con él mismo, y le sirve en la misma medida en que mantiene abierto el diafragma de su lente personal.

En este caso, el argumento es sencillo, como siempre en estos *cuentos inteligentes*. La economia de palabras y la concisión es uno de sus mayores atractivos.

Se narra la búsqueda de una llave que se realiza debajo de luz de un farol.

—¿La perdiste ahí? —pregunta alguien

—No —dice el protagonista de la historia—, la perdí en otro sitio, pero la busco aquí porque hay luz.

El valor de estos relatos es nulo si no provocan un *clic* interno; sospecho que están diseñados para ello, y que, pese a su inocente apariencia, en los siglos que llevan rodando por el mundo cumplen una especial función que tiene mucho que ver con la de un detonador. En este caso, agradezco a una persona el relato de su experiencia propia, que arranca en un determinado momento de su vida, cuando se encontró con este cuento de sabiduría. La experiencia real es la única que sirve, y lo que me transmitió lo comparto ahora con los lectores.

Alguien le insistía en que viajara hasta la India, asegurándole que allí iba a encontrar al maestro. Las circunstancias por las que atravesaba este hombre no eran las más propicias para realizar este viaje, y se sentía confuso y desorientado. Se encontró, providencialmente, con este relato del que busca la llave lejos de donde la perdió, aprovechando la luz de un farol distante, y comprendió que la India no era su sitio.

Integró el mensaje encerrado en la apariencia inocente del cuento. **Incorporó** a su realidad el *clic* que se acababa de producir en él... y **decidió** que su búsqueda no estaba cerca del supuesto farol, sino en la oscuridad donde en ese momento se encontraba.

No fue a la India y siguió con su vida en la ciudad donde vivía, dispuesto y decidido a encontrar allí su llave perdida.

Si la encontró o no, ya es otra historia.

Luces efímeras

Muchas veces nos despistamos por la fascinación efímera de una luz que parece deslumbrarnos. Suele suceder cuando el camino aparece ante nosotros especialmente sombrío, cubierto por la niebla y la hojarasca que nos impiden ver por dónde discurre su trazado.

En esos momentos no sabemos por dónde seguir; se abre ante nosotros una encrucijada y nuevos ramales se pierden en la distancia, sin que sepamos cúal es la dirección adecuada, porque parecería que hemos perdido el sentido de la orientación. La búsqueda se hace pesada, parece que nada da fruto y que todo ha perdido el sentido.

Cuando nos encontremos en un bache así, algo bastante frecuente en el buscador espiritual porque como todo aventurero, se mueve por caminos no conocidos, conviene recordar que la Luz de la Verdad es tenue y sutil. Nunca aparece como un foco deslumbrante. Cualquier bombilla, aunque tenga muchos vatios, debe hacernos sospechar que es luz eléctrica, y que se puede apagar o fundir en cuando sea desconectada de la corriente. Hay muchas personas-bombilla.

El camino auténtico del buscador discurre por los espacios internos donde la luz gana terreno a las sombras paso a paso, casi de forma imperceptible. Nada que ver con las luces de neón a las que este mundo en que vivimos nos tiene acostumbrados. El punto luminoso nunca aparece de forma espectacular; no es una estrella del *music-hall* iluminada artificialmente en el centro de un escenario.

Las experiencias de iluminación súbita son una excepción, y, según el relato de los místicos, parece que tampoco se producen así. Si son reales, no hay nada que decidir, nada que elegir: simplemente **es,** y uno se funde, gozoso, en la llamarada de luz que ha abierto las puertas distantes de los otros mundos presentidos, unidos entre sí en una melodía de notas excelsas.

La iluminación es lo que sucede dentro y tiene su origen en la propia conciencia; el deslumbramiento frente a cualquier cosa exterior, es un fenómeno externo, y así debe ser comprendido, como un rayo que cruza el cielo en la tormenta y luego desaparece.

Quedarse enganchado emocionalmente a esa súbita aparición es tan absurdo como deslumbrarse por el brillo falso de muchos de esos personajes y personajillos que pululan por los ambientes «made in new age», a la caza y captura de buscadores despistados y/o momentáneamente desconcertados. Ya decíamos en páginas anteriores que tienen que ver mucho con los mosquitos pelmazos que en las noches cálidas de verano acuden en tropel al reclamo de la luz encendida.

Abundan en esos ambientes que configuran el micromundillo de buscadores de todo tipo. En estos pequeños reductos, cada vez menos minoritarios, siempre hay algo de luz, la que aportan las personas con buena intención que se acercan a ellos tímidamente, a veces para curiosear, otras llevados por algún amigo que los convence de que allí pueden encontrar una guía útil o incluso un maestro.

Estos lugares recuerdan mucho al bar ideado por el genio de George Lukas en la película *La guerra de las galaxias*. En aquella barra se daban cita personajes con aspectos de todas las formas, colores y tamaños, que delataban sus procedencias remotas, sus orígenes distantes, y que sólo tenían el común denominador de querer tomar unas copas y hacer tratos de negocios en aquel bar de cómic llevado a la pantalla.

Quien quiera comprobarlo, que se asome a las páginas de los anuncios de las revistas especializadas o, mejor aún, que se dé una vueltecita por las ferias esotéricas. Allí encontrará la fauna más variada y la oferta más exhaustiva para conseguirlo todo.

La feria de las vanidades

Al lado de este mercado de ilusiones se encuentran también toda esa serie de personajes que tratan de captar adeptos para su causa personal: el centro son ellos mismos y su magnetismo barato, aunque suelen utilizar el recurso de decir que son «enviados» o «elegidos» por «poderes superiores».

A cambio de la enseñanza que dicen ofrecer, algunos obtienen de sus seguidores sumisión incondicional, alimento para su vanidad y una servidumbre que raya con la abyección y que a veces incluye favores de todo tipo, desde sexuales a económicos. Son aprendices de las grandes multinacionales de las sectas, que saben muy bien cómo manipular a sus adeptos. Los que tenemos por estos lares no pasan de la categoría de aficionados, y hacen lo que pueden con sus grupitos.

Hay de todo: algunos llegan a creérselo y se incorporan con ardor a interpretar su papel; otros, más pragmáticos, simplemente tratan de sacar el mayor provecho posible.

Recordemos que solamente puede engañarse a quien, en el fondo, desea ser engañado.

Estos personajes cumplen su papel, realizan una función de la que ni siquiera son conscientes. Actúan como una especie de filtro que atrapa y detiene a todos los que no tienen una recta intención y se acercan al camino de la búsqueda espiritual movidos por la necesidad de compensar sus carencias personales; a algunos les lleva el aburrimiento, a otros la desesperación, y a otros sencillamente la curiosidad.

También sirven de trampolín para algunos que no se han quedado atrapados en el camino sin salida que ofrecen y que se han servido de ellos como puerta de entrada para la búsqueda real, la que precisa del esfuerzo y del aprendizaje constante.

El proceso necesario de ajuste y completamiento para crecer internamente no se obtiene comprando nada, ni sumándose a la camarilla de un vendedor de milagros, ni cogiéndose de la cola de ninguno de estos personajes-cometa que cruzan fugazmente por delante de nosotros, asegurándonos la iniciación en los misterios o la salvación, como dicen pomposamente algunos.

Al final, terminan casi siempre mal con sus acólitos y tienen que buscar nuevo público. La razón es sencilla: crean unas expectativas que, al principio, son aceptadas a pies juntillas, pero pasa el tiempo y no son capaces de cumplirlas. Ahí es cuando muchos salen de su hipnosis, y se dan media vuelta, decepcionados y heridos. A la víctima del timo de la estampita le indigna el engaño y la estafa de la que ha sido objeto, pero lo que más le duele es reconocer su propia confusión, que fue realmente lo que le llevó a caer en la trampa.

Expresar abiertamente todo esto suele molestar bastante a algunos; qué le vamos hacer. A otros les puede servir, porque ahorra mucho tiempo el saber distinguirlos pronto. Y a otros más, espero que les divierta el catálogo de los ejemplares más representativos de esta fauna depredadora, y, con la ayuda del humor, incluso es posible que puedan reconocer a alguno de estos personajes, si es que pululan a su alrededor.

Retratos robots de depredadores ilustrados

No están todos los que son, pero sí son todos los que están.

Como ya advertirá el lector inteligente, se trata de caricaturas que unas veces se corresponden fielmente con el original y otras mezclan diversos rasgos comunes a todos los depredadores del espíritu.

Se les adjetiva como «ilustrados», porque se han obviado los más elementales, esos a los que enseguida se les ve el plumero.

LOS «HAMOROSOS»

Ahora mismo son el especimen más abundante. Se caracterizan por predicar el «hamor», y su discurso está basado en conectar con las emociones más primarias de su público. Tienen mucho de tele-predicadores, y, como ellos, son hábiles comerciantes que saben montarse un emporio personal en el que se manejan como cualquier hombre de negocios sin escrúpulos. Su «hamor» se lo saltan a la torera en cuanto están sus intereses de por medio, y entre sus habilidades personales no figuran ninguno de esos valores que hacen a un ser humano una persona íntegra, como son el tener palabra o el ser honrado.

Están encumbrados en su soberbia, y exigen constantemente sumisión, confundiendo la humildad con la humillación. Trabucan, enredan y siempre se tienen que salir con la suya.

Tienen una exagerada tendencia a demostrar que son los primeros, los números uno, los más listos. Si pueden, se cuelan en las colas y son un peligro al volante porque tienen que correr más que nadie y llegar antes. Son temibles en sus circuitos personales de familia y seguidores más próximos, porque ahí se quitan la máscara y dan rienda suelta a su compulsiva necesidad de humillar al incondicional, que, precisamente por serlo, nunca responde. En público son excelentes actores y venden su muestrario de ilusiones exhibiendo su encanto personal, al que sucumben muchos.

En el terreno privado exigen ser atendidos como si de reyezuelos se tratase, y siempre tienen a su disposición una cohorte de servidores que les hacen el trabajo más pesado.

Son machistas y suelen tener un montón de complejos y represiones en relación con el sexo.

Los «hamorosos» son los mejores y más puros representantes de este submundo de lo espiritual, en el que hay más depredadores por centímetro cuadrado que en cualquier otra área social.

LOS MISTERIOSOS

Envuelven su origen en un halo de intriga y misterio; cuando hablan de sí mismos, emplean alusiones veladas a su origen, dando a entender que no son de este mundo o que participan de una doble naturaleza.

Suelen esgrimir muy a menudo la táctica del «yo sé y tú no sabes», y esto les da carta blanca para hacer cualquier cosa, que nunca necesitan justificar porque sus motivos siempre tienen el sello de lo que está más allá de la visión ordinaria.

Se ofertan como salvadores, y hacen mucho hincapié en las catástrofes que le esperan a la Humanidad.

Se expresan en un lenguaje pomposo y críptico, que encanta a sus seguidores, quienes suponen que detrás del discurso incomprensible está la sabiduría. Quizá ésta sea también la razón por lo que se dejan explotar su vena masoquista, ya que este tipo de personajes emplean la estrategia de socavar la seguridad personal y hacer que se dude constantemente de uno mismo.

Suelen ser inaccesibles, y se dejan ver en contadas ocasiones; siempre están en la punta jerárquica de su pequeña organización, y en torno suyo revolotean muchos cargos intermedios que ostentan un cierto poder personal.

El uso que hacen estos burócratas de esos grados de poder nos recuerda mucho al viejo cuento de los dos loros: Dos exóticos loros se exhiben en el escaparate de una pajarería. Un hombre entra a preguntar cuánto vale el más grande, rojo y azul.

—Trescientas mil pesetas —contesta el dependiente.

—¿Cómo es tan caro?

—Porque es políglota, escribe a máquina y es capaz de redactar de forma clara y comprensible.

—¿Y cuánto cuesta el otro loro?

—El doble, señor. Seiscientas mil pesetas.

—¡Pero eso es imposible! ¿Qué sabe hacer?

—Nada, pero es el jefe del otro loro.

LOS TRADUCTORES-MENSAJEROS

Dicen de sí mismos que han sido protagonistas de una experiencia trascendente, donde casi siempre aparece un supuesto ser de luz que les cambió el «chip». Hay muchas y variadas versiones del mismo relato; casi todas se mueven en el ámbito de lo religioso, rozando con el fanatismo. El común denominadores que algo les cambió la vida, y desde entonces se sienten encargados de transmitir a la Humanidad su mensaje.

Estos personajes se consideran encargados de llevar adelante una gran misión, a la que prometen dedicar su vida entera. Hablan mucho, y una de sus obsesiones es conseguir que los medios de comunicación se fijen en ellos.

Están tan fanatizados con ellos mismos que entran en una dinámica agotadora de la que no pueden salir. Con el paso del tiempo, suelen terminar con un importante desgaste y deterioro psicofísico.

Hacen profecías muy a menudo, que casi nunca se cumplen, pero ellos siempre lo justifican de una u otra manera; o son «errores de interpretación», o donde dijo «inundación quiso decir incendio», o es que ellos «sólo se limitan a traducir» lo que «el ser especial» les dice que digan.

Están en contacto muy estrecho con sus seguidores y comparten con los «hamorosos» un rasgo común: la imposibilidad de estar a solas y callados ni siquiera un poquito de tiempo.

Necesitan el contacto directo y constante con los suyos, y si son nuevos, mejor, porque así pueden cumplir con su labor de hacer más prosélitos para la causa.

Al principio creen firmemente en lo que dicen, pero llegado un momento entran en las arenas movedizas de la fabulación y el delirio, impelidos como están a mantener la atención de sus seguidores y a alimentarla con nuevas y sorprendentes revelaciones.

Al final corren el riesgo de ser tragados por su propio delirio y terminan sintiéndose víctimas de un mundo «que no les comprende». Mientras tanto, mueven a la confusión a muchos, que se confían a estos delegados del «ser especial». Algo muy común, que sucede siempre que uno olvida a sus buenos aliados personales, el sentido común y el discernimiento, y se deja atraer hasta la órbita de estos personajes.

Incluso a algunos les puede pasar lo que a la señora protagonista de la siguiente anécdota.

Los feligreses de cierta parroquia acostumbraban a confesarse con su párroco, un hombre bastante sordo. Como la tendencia natural es a susurrar las culpas, les pidió a los fieles que le pasaran un papelito donde estuvieran escritas todas las faltas que querían confesar. En una ocasión, le entregaron a través de la celosía un papel donde decía: «Un paquete de azúcar, medio kilo de queso curado, una tarrina de mantequilla.» Cuando el padre lo devolvió, la despistada mujer recordó, con amargura, que la lista de sus pecados se la había dado al tendero.

Son muchos los que le entregan la relación de sus inquietudes a la persona equivocada, poniendo en manos de un tendero sus expectativas, adoptando la cómoda —e inútil— postura de que sea otro el que les gestione la vida. Delegan su propia responsabilidad, sacrificando en muchas ocasiones su dignidad, pero, sobre todo, la renuncia más dañina es la que los lleva a negarse a sí mismos uno de los más preciosos regalos de la vida: la libertad.

Comprender es el principio de la libertad. Es la apertura al secreto de la vida.

Rémoras para arar en el mar

Ni se puede arar en el agua ni la rémora sirve para dar empuje a nada.

La rémora es ese pez que vive adherido al vientre de los grandes peces y al caparazón de las tortugas mediante una ventosa que posee en la cabeza; su nombre, por extensión, se utiliza cuando queremos indicar un obstáculo, un estorbo o cualquier cosas que detiene y suspende. Igualito que este colectivo pintoresco sobre el que hemos esbozado algunas pinceladas a través de esos retratos-robots. Estos personajes también pegan sus poderosas ventosas mentales sobre todo el que se deje; si has caído alguna vez en sus redes, no te preocupes, seguro que la experiencia te ha servido de vacuna, y además también habrás aprendido algo de ella.

No es oro todo lo que reluce. Y es fácil confundir, a primera vista, la purpurina falsa con el oro. Tarde o temprano, uno se da cuenta. Entonces, apliquemos ese último pensamiento ya citado, y alejémonos de los que no saben y aparentan que saben. Son perfectos necios.

Para completar el dibujo de estas rémoras que acuden atraídas por el movimiento de los nuevos tiempos, sólo unos cuantos puntos más que casi todos tienen en común:

— Buscan rodearse de ingenuos en sus filas, y lo justifican diciendo que no están maleados. En realidad, se aplican el refrán de que en el país de los ciegos, el tuerto es rey. Así se sienten más importantes y evitan que el discernimiento entre en acción.

— Temen sobre todo a las personas con juicio crítico y con capacidad de evaluar y de aplicar aquello de «por sus frutos los conoceréis». Quien crea la discordia y alimenta las rencillas, da igual que emplee hermosas palabras: no sirven porque están vacías. La inteligencia y la capacidad de observación son sus mayores enemigos. Pero, al mismo tiempo, tratan de echar el lazo a personas con un cierto grado de lucidez personal, porque supone un triunfo para ellos el que pasen a formar parte de sus admiradores.

— Apelan siempre a que son el «maestro» que uno necesita. Y en eso quizá tengan razón, porque cada cual encuentra justo lo que está buscando. Define con claridad el objetivo de tu búsqueda y deja que la vida, con su corriente fluida e inagotable, provea los medios. Si estás en el punto maduro de encontrar un maestro real, recuerda que éste nunca interferirá en tu vida cotidiana, nunca tratará de imponer nada, nunca mermará tu libertad.

El maestro no manipula: sólo muestra.

— La mayoría de estos predadores son hombres. También hay mujeres, naturalmente, que intentan marear la perdiz y sacar pingües beneficios con ello, pero su número es mínimo comparado con el de los hombres y se mueven por otros derroteros.

Estos personajes masculinos se nutren, fundamentalmente, de un público mayoritariamente femenino, porque es en el colectivo de las mujeres donde está arraigando con más fuerza la semilla de los nuevos tiempos. Sin embargo, cuando se los conoce, estos hombres suelen considerar a la mujer como un ser humano de segunda categoría —y así lo expresan abiertamente—. Sus frustraciones y complejos se ven compensados con el morbo que experimentan al comprobar cómo «dominan» y cómo «conducen» a las que desean y temen al mismo tiempo.

Hemos dejado fuera de este pequeño catálogo de predadores a los «curalotodos», una nueva especie con bata blanca y consulta propia que, sin ningún escrúpulo de conciencia, explotan el dolor humano de las personas con enfermedades graves, creándoles falsas expectativas de curación a través de sus métodos basados en la medicina natural. Son los especuladores del dolor ajeno, que se sirven de él para nutrir sus cuentas corrientes, y que además enturbian las aguas de las verdaderas medicinas complementarias retrasando el momento de que, algún día, su eficacia sea reconocida públicamente.

Junto a los «curalotodo», que nada tienen que ver con los tradicionales sanadores y curanderos, se quedan también sin reseñar otros muchos tipos pintorescos de predadores, ilustrados en mayor o menor grado. Pero no es éste el objetivo de estas páginas, y como siempre dice Michael Ende en su obra *La historia interminable*, ésta es otra historia que a lo mejor será narrada en su momento, porque realmente también es interminable.

Sirva este pequeño esbozo de llamada de atención para muchos buscadores despistados. Ésta es una sociedad donde reina el sucedáneo, y los terrenos sutiles del ser humano también se ven invadidos por la plaga de «los que parece que son». Como los edulcorante, saborizantes y conservantes que nos tragamos a diario.

Trigo, paja, flores y hortalizas

La llave del conocimiento hay que buscarla donde la perdimos, y no arrimarnos a cualquier farol porque ahí haya luz.

Recordemos que no estamos solos en el camino.

La alternativa no es siempre, necesariamente, los pasos a tientas por la soledad oscura. Hay multitud de amigos especiales que desde su libre independencia nos brindan un apoyo fuerte, aunque no los veamos ni estemos en contacto directo y constante con ellos. Son los testigos mudos que afianzan el rumbo del camino. Y también hay a nuestro lado presencias invisibles, seres de luz que, amorosamente, dirigen el caudal puro que se vierte desde los corazones humanos para incrementar y reforzar las redes de sustancia viva que configuran el entramado donde el poder del Amor se manifiesta. El encuentro con este Amor compensa cualquier cosa, porque no admite comparación.

La noche oscura del alma, como bien nos dijo San Juan de la Cruz, es el momento previo a que estalle, resplandeciendo y unívoca, la Luz serena de este Amor.

«Todo lo grande está siempre en medio de la tempestad», dijo Platón. Y cuando surge «lo grande», cuando aparece en nuestro horizonte interno, damos por buenas todas las fatigas, todos los errores, todos los momentos de desaliento. Disipa la confusión y aclara las dudas, porque una vez manifestada la presencia del poder del Amor, es imposible que el engaño se mantenga. Prueba a encender una bombilla al aire libre, en una soleada y radiante mañana: su poca luz se diluye en el poderoso foco del sol.

En el «arte de desaprender» hay que incluir el conocimiento de ciertas cosas, para que no nos traben ni nos hagan quedarnos atrapados en su fascinación efímera, sin avanzar nada como un pobre hámster dando vueltas y más vueltas en la ruedecita de su jaula. Quizá por eso, en el desaprender, lo primero es no dejarse embaucar y saber separar el trigo de la paja. O las flores de la hortalizas, como aquella anécdota protagonizada por la cantante de ópera María Callas cuando comenzaba su carrera en la Scala de Milán.

Relata en sus memorias que su apoderado colocaba cerca del escenario a algunos jóvenes encargados de arrojar ramos de flores cuando la aprendiz de diva terminase su actuación. Una noche, otras personas ocuparon esos asientos y, en lugar de flores, lanzaron al escenario hermosos ramos de verduras y hortalizas, decididos a boicotear su actuación.

Sin perder los nervios, la Callas, consciente de su extrema miopía, olfateaba cada ramo que recogía. Los de verduras los lanzaba al foso de la orquesta, y los de flores se los entregaba amablemente a los demás cantantes.

La buena gente

La auténtica elegancia no se improvisa. Como tampoco se improvisan ciertos valores humanos, códigos de conducta que comparten por igual personas de toda raza, cultura, condición, edad y sexo. Ése sí que es un reparto gratuito y democrático, aunque en los tiempos que corren no se cotice demasiado.

Socialmente no se valora a la persona cabal; incluso están un poco en desuso estos términos, que parecen envueltos en la naftalina del armario de la abuela.

La recta intención, la recta palabra, la recta acción, como se cita en el *Sutra de la Atención* budista, cuya lectura recomiendo, son algunos de esos valores humanos desprestigiados y con mala prensa porque ahora lo que se premia y se estimula es al listo de turno, al que hace las trampas mejor y saca de ellas más provecho. En esta sociedad del sucedáneo, también los listos son los mas admirados.

Pero esas personas íntegras, lo que llamamos para entendernos «buena gente», son raras joyas que se encuentran desparramadas por el tapiz que cubre la superficie del planeta Tierra.

No les hace falta hacer muchas más elucubraciones para actuar correctamente; hacen lo que deben hacer en cada momento, respetando a los demás y respetando su propio código de conducta interior. Están bien equilibrados, centrados en su «hara», como dicen los japoneses, quienes también emplean un exquisito concepto, el «wa», para expresar el respeto por la armonía interior de cada uno y su interacción con los demás.

Estas personas «buena gente» son los auténticos puntales que sujetarán al mundo nuevo que está por nacer. Sin que el hecho de relacionarse o no con las tendencias de la Nueva Era importe demasiado. Al contrario, porque antes de atreverse a hablar del camino espiritual, primero hay que ser una persona decente, insobornable en su sentido de justicia, flexible hasta llegar sin molestia personal alguna a la humildad... Alegres, ecuánimes, tolerantes; incapaces de molestar ni de hacer daño a sabiendas; así es ese colectivo maravilloso de las buenas personas que llevan siglos sujetando al mundo en su eje.

Y esto es de verdad ser positivo, y no toda esa palabrería que a veces roza con lo grotesco y que suele ser un insulto a la inteligencia. Muchos de los que cimentan su discurso en «lo positivo» incrementan la ceremonia de la confusión, mezclando, como siempre, unas gotitas de verdad con varios litros de falacias. Hay heraldos de la «bondad» y de «lo positivo», que en su vida privada son auténticos buitres despiadados.

Es de justicia reivindicar a las personas íntegras; se lo merecen, porque tienen las claves de la auténtica sabiduría y contribuyen a hacer del mundo un lugar más habitable. Y a recordarnos que uno mismo es su propia barrera... y que sólo puede ser saltada desde dentro.

El pomo de la puerta

También el pomo de la puerta hacia Dios siempre se acciona desde dentro. Esto fue lo que contestó un artista contemporáneo cuando alguien le preguntó por qué el cuadro que mostraba en una exposición no estaba terminado.

La pintura en cuestión enseña la figura de Cristo en un jardín a medianoche; en su mano izquierda sostiene una lámpara, mientras que con la derecha está llamando a una pesada puerta... que no tenía pintada la cerradura.

—¿Por qué no le ha puesto la cerradura? No hay pomo en esa puerta —le dijeron al pintor.

—Ésa es la puerta del corazón humano, y sólo puede ser abierta desde dentro.

La ecuanimidad para aceptar la vida, y la fidelidad a uno mismo y a sus propias normas éticas, siguen siendo actitudes internas altamente eficaces. Nos acercan al pomo de esa puerta que está en el corazón y nos conduce a Dios.

A veces se nos pasa por alto lo más evidente, lo que está más cerca. Vivimos en una realidad tan dislocada que la siguiente anécdota no pasa de ser un chiste, un guiño para hacer sonreír, porque nadie, ni en estos tiempos ni en otros, aceptaría como real la existencia de alguien como aquel agricultor, que recibía la visita de un vendedor de maquinaria agrícola.

Como siempre que llegaba a sus tierras algún forastero, lo invitó a comer a su casa. Durante el almuerzo, el vendedor le estuvo hablando de las bondades de la maquinaria que vendía y de lo útil que resultaría en sus campos un nuevo tractor.

Cuando llegaron a los postres, nuestro campesino dijo:

—Se lo compro. Ahora mismo le doy el dinero.

—¡Pero, cómo! ¿Lo compra sin antes verlo siquiera?

—Ah, entonces, ¿no era verdad todo lo que me ha dicho?

La historia se puede trasladar, cambiando los elementos del escenario, a cualquier época pasada, por remota que ésta sea.

Este hombre no es creíble, ni ahora ni hace cien, doscientos o quinientos años.

Lamentablemente.

Quizá algo tenga que cambiar en la naturaleza humana, y éste sea el momento de producirse la transformación, el nacimiento que dará paso al nuevo ser, habitante de un mundo sin engaños ni mezquinos intereses.

El parto de la Tierra

Sri Aurobindo afirmaba que, en esta época, la Tierra entera está de parto. Un alumbramiento especial, con trascendencia cósmica, que decidirá el futuro del colectivo humano.

Quizá ahora el cambio de fase salga bien. Quizá ahora exista el suficiente número de personas preparadas para que en su interior pueda obrar el Alquimista Divino. Quizá ahora se produzca el tránsito hacia otra realidad, al que apuntan tanto la Tradición como las profecías.

En todo parto, la tensión y los dolores se intensifican antes del nacimiento. ¿Qué hacer? La respuesta es: nada. Vivir el proceso de la forma más natural posible.

Una madre con la preparación adecuada, llegado el momento, ve reducidos sus dolores, e incluso, en algunos casos, éstos ni siquiera existen. La ayuda de la relajación, de la respiración consciente y, sobre todo, la vivencia de su propio embarazo como una de las experiencias más hermosas, lo hacen posible. La actitud interior, la confianza y las ganas de disfrutar conscientemente la experiencia, convierten ese parto en uno de los momentos más intensos de una vida. Quien elige afrontarlo con una actitud histérica, abordándolo como una enfermedad o como una operación quirúrgica de alto riesgo, mejor es que pida anestesia completa y se pierda el episodio.

También el colectivo humano puede escoger la actitud interior para vivir este parto planetario. Nos podemos entrenar en fijar nuestra atención en el gozo y no en los dolores de este nacimiento global que, no obstante, debe producirse dentro de cada uno de nosotros, como el mito del ave fénix que renace de sus propias cenizas. La esperanza de una nueva vida es más interesante que las propias convulsiones del proceso. Esto es parte del entrenamiento para recibir al Amor y no para quedarse atrapado en el dolor.

Y esto todos podemos hacerlo. De hecho, ya lo hicimos en el momento de nacer. Lo que pasa es que nadie guarda memoria consciente de su nacimiento, y ahora la importante diferencia estriba en que la propia conciencia es una ayuda imprescindible para que el proceso llegue a buen fin.

Desde que el óvulo es fecundado hasta que nace un niño, durante nueve meses se reproduce esquemáticamente todo el proceso evolutivo de la Humanidad. Cada nacimiento individual contiene la memoria del nacimiento de la vida del ser humano en la Tierra, y animo a las personas interesadas a que consulten cualquiera de los buenos libros que existen al respecto o que contemplen un vídeo sobre cómo es el proceso de la gestación. A poco que agudicen su sentido de la observación y que activen sus capacidades analógicas, se darán cuenta de que esto es así.

El embrión recuerda a un renacuajo, vive en un medio líquido, y el paso por el túnel del útero materno es el puente que debe atravesar para cambiar de elemento, para pasar a respirar aire.

Una sola naturaleza contiene todas las naturalezas.
Una sola existencia incluye todas las existencias.
Una sola luna se refleja en todas las aguas,
todos los reflejos de la luna en el agua
provienen de una misma luna.

Este aforismo budista no es una mera imagen poética. Es una realidad. Si toda la historia evolutiva de la humanidad está condensada y evocada en esos nueve meses de gestación, si tenemos memoria genética, ¿por qué no podemos también conservar recuerdos, mucho más antiguos, del Espíritu del que una vez salimos?

Hacer lo sencillo

El arte de desaprender es, en esencia, el aprendizaje real.

Es necesario que algo se calle para que algo se oiga.

Para conectar con lo importante, hay que liberarse de todas las ataduras mentales y retornar a lo más sencillo, a eso que los maestros budistas llaman «los cuatro estados sublimes de la mente»: la benevolencia, la compasión, la simpatía gozosa y la ecuanimidad.

El primero sería la *benevolencia* generada por un corazón que ha crecido y que se ha purificado de todo deseo de mal. Una actitud interior amplia y abierta, donde la voluntad está bien dirigida (del latín *bene* y *volo*, yo quiero). La auténtica buena voluntad hacia las demás personas excluye las críticas malintencionadas porque, como decía Cicerón, «cuanto más virtuoso es un hombre, menos acusa a los demás».

La benevolencia impregna de un tinte especial los pensamientos y ayuda a que éstos se centren con lo profundo; si está trás las palabras, crea confianza. Si hay benevolencia y bondad en la acción, se genera Amor.

Es fácil ser benevolente con alguien a quien queremos o nos cae bien. Lo difícil es serlo con quien nos es indiferente o nos ataca.

Pero la benevolencia surge a veces en el sitio más inesperado, brotando de la persona que nunca hubiéramos imaginado, como una comprobación de que el desafío constante a no dejarnos llevar por ningún tipo de patrones mentales no es estéril, sino provechoso.

Le sucedió a un amigo en la cola del supermercado. La escena no pudo ser más vulgar, ni más cotidiana. Desprovista del brillo espectacular que se asocia con las grandes revelaciones. Sin embargo, a este amigo le deparó una importante experiencia de la que pudo extraer conclusiones vitales. Con su carrito rebosante, este hombre esperaba su turno ante la cajera, a la que reconocía por su adusto carácter. Delante de él, una persona con una evidente disminución psíquica acababa de poner sus compras sobre la cinta transportadora.

Mi amigo observó, con angustia, cómo ésta sacaba desmañadamente del carrito todo lo que había comprado, y, más tarde, cómo intentaba dar con su monedero en algún rincón de su indumentaria. No sabiendo muy bien cuál era la cantidad exacta que tenía que dar, volcó todo el contenido de su portamonedas entre los artículos que acababa de adquirir. Lo hizo con una sonrisa de disculpa dirigida a la cajera y con unas evidentes ganas de no incomodar más de la cuenta. Entonces, cuando sus dedos temblorosos intentaban encontrar, torpemente, los billetes y las monedas necesarios para pagar la cuenta, mi amigo, desde la cola, miró con aprensión a la cajera adusta. Y se encontró con algo que ni siquiera había sospechado: la impaciencia habitual de la mujer había desaparecido. Lenta y suavemente, le recogió el dinero a la persona disminuida, y, muy tranquila, se cobró el importe exacto de su compra. Luego le metió el cambio en el monedero y le ayudó a guardar todo en las bolsas.

Después le sonrió y le dijo en voz baja, «cuídese», mientras miraba con benevolencia a esta persona que ya se marchaba.

Enseguida, se volvió hacia mi amigo y se convirtió de nuevo en la empleada dura y antipática que aparentaba ser.

Mi amigo me lo contó para que lo compartiera libremente con todos, y también me dijo que esta pequeña anécdota había sido, para él, una auténtica lección magistral, de esas que pocas veces se reciben en el recinto de un aula universitaria, o en esas otras más reducidas y más aleatorias, donde los «titulares» de la iluminación imparten sus enseñanzas.

LA COMPASIÓN

La *compasión* es esa manera especial de comprender al otro y de acompañarle en un mal momento o en una desgracia, pero no desde una falsa postura de superioridad, sino desde la plataforma del entendimiento de que existe una identificación entre todo y entre todos.

Muchos confunden la caridad con la compasión e incluso con el compartir. La diferencia entre estas palabras es algo más que semántica. La persona caritativa tan sólo oye su propia música; la que comparte, la que vive la compasión, participa en una sinfonía, mezclando sus notas con las del otro y creando un bello «crescendo» al unísono.

La madre Teresa de Calcuta quizá sea el ejemplo vivo contempóraneo y más ampliamente conocido de compasión bien entendida, de solidaridad activa. Y siguiendo nuestra máxima de que mejor que interpretar es citar textualmente para que cada cual extraiga, sin filtros mentales previos, la esencia de unas palabras, de ella son las siguientes, que deseamos compartir con el lector: «La mayor enfermedad no es el cáncer o el sida, sino sentirse indeseado, descuidado y abandonado por todos. El peor de los males es la falta de amor, la horrible indiferencia hacia el prójimo.»

Y este prójimo está en todas partes; puede vivir a la vera de cualquier camino, asaltado por la explotación y la miseria, o puede que tome el metro y se mueva por la gran ciudad, cerca de nosotros. No hace falta irse al Tercer Mundo para practicar la compasión.

Una niña de seis años se enteró de que Rosa, su amiga que vivía en la vecindad, acababa de morir en el hospital. Sin consultar con nadie, fue a casa de los padres.

Al volver, su madre le preguntó:

—¿Por qué fuiste?

—Fui a consolar a la mamá de Rosa —respondió la niña.

—¿Qué hiciste para consolarla?

—Sentarme en sus rodillas y llorar con ella.

Esta niña pequeña supo lo que es auténtica compasión. Nada que ver con el blanqueo de la conciencia al que periódicamente recurrimos los adultos para sentirnos buenos y confirmar que lo somos.

No sólo los niños pueden hacerlo desinteresadamente; los adultos que conservan fresco a su niño interior pueden vivir la compasión «con pasión» y recordar que el otro que sufre no es nadie ajeno, sino una parte de nosotros mismos, alguien ligado por la invisible, callada y ligera trama del Amor, que une los seres y los universos en una exquisita danza cósmica de participación y correspondencia.

LA SIMPATÍA GOZOSA

La *simpatía gozosa* es algo mucho más profundo que la imagen que ofrece al exterior la persona oficialmente catalogada como «simpática»; en ocasiones sólo es un vendedor de sí mismo, y a veces lo que muestra es una máscara más de la personalidad, para ganarse el afecto o la aprobación de los otros. A todos nos gusta caer bien, pero hay grados.

Quien trata de agradar a todos, termina no agradando a nadie. La auténtica *simpatía gozosa* es otro estado de la mente, o actitud interior, que surge de la sencillez y de la apreciación de la vida, disfrutando de la pequeñas cosas y saboreando lo más mínimo, que suele pasar desapercibido. Es una cuestión de elegir entre ver la botella medio llena o medio vacía. Y sintonizar con una ausencia o con la plenitud.

La simpatía interna nace del corazón y es una oración sin palabras de agradecimiento constante a la vida. Se irradia hacia el exterior, y quien está cerca de una persona que la vive con frecuencia, se siente nutrido y gratificado. Esas personas positivas, que siempre buscan ver el lado bueno de las cosas, son auténticos regalos para los demás. Saben muy bien —y lo practican— que es mejor encender una humilde vela que maldecir y enfadarse contra la oscuridad.

Otros, por el contrario, se encastillan en lo negativo y lo justifican de mil maneras. Nos los encontramos a diario: son los que disfrutan poniendo trabas a los demás, los que practican la fastidiosa costumbre de dar la callada por respuesta, los que nunca toman la iniciativa si no es para conseguir algo que les interesa, o que creen en concordacia con sus intereses más inmediatos.

Estos personajes, amargadillos en realidad, intentan compensar sus complejos y carencias. Para tan mediocre fin, los medios sólo pueden ser igual de ruines: generalmente se sirven de sus pequeñas y macilentas parcelas de poder para sentirse importantes. Son los fanáticos del reglamento, que imponen arbitrariamente según mejor les convenga. Actúan como decía Bernard Shaw: «Cuando un estúpido hace algo que no debería, siempre dice que cumple con su deber.»

Estos «antipáticos» se mueven siempre desde la motivación del «anti», desde la «contra». Les cuesta fluir, como le cuesta dar cualquier cosa, sea material o no.

Funcionan a contrapelo de lo espontáneo. Sospechan de todo y a todo le dan mil vueltas, siempre alertas para que su importancia personal no disminuya.

Son dignos de lástima, porque se han convertido en prisioneros de sí mismos, y ejercitan la peor de las servidumbres, la más abyecta. Se muestran serviles con el poderoso y soberbios con el débil. Cultivan la envidia como una flor venenosa, y su mayor placer estriba en negarle todo lo que esté a su alcance a la persona a la que envidian.

Son tan fatuos, que piensan como el gato de la siguiente anécdota; jamás se identificarán con aquel perro al que su dueño alimentaba, le sacaba a pasear y le daba mucho amor.

¡Qué maravilla! Este tipo *debe* ser un dios —se decía el perro.

Al gato que vivía en la misma casa y que recibía las mismas atenciones, sólo se le ocurría pensar:

¡Qué maravilla! *Debo* ser un dios para que me traten tan bien.

La visión del gato es cóncava, la del perro es convexa. La *simpatía gozosa* es el exacto equilibrio entre una y otra, y actúa como la cuerda de un instrumento musical que, sin que nadie la pulse, entra en resonancia por sí sola cuando se hace sonar otra cuerda afinada en la misma frecuencia.

LA ECUANIMIDAD

El cuarto estado mental es la *ecuanimidad,* puntal básico de la filosofía budista y excelente aliado para practicar el arte de desaprender. Asimismo, el taoísmo original es una fuente inagotable de claves prácticas para despertar a la verdadera naturaleza del ser, para vivir la ecuanimidad desde dentro, no como postura forzada, sino como una respuesta interna que proviene de la lúcida convicción de que éste es un mundo de apariencias.

Ecuanimidad es la actitud inteligente de quien sabe que los hechos siempre están vacíos, y son recipientes que toman la forma del sentimiento que los llene.

Ser ecuánime es no poner el pie en ninguno de los platillos de la balanza, conscientes de que sólo desequilibraríamos su fiel. Para llegar a la ecuanimidad inteligente, hay que tener en cuenta que la realidad en que vivimos es percibida siempre como dual, como un juego de opuestos, y que la mejor manera de saltar por encima de la trampa de las apariencias es liberar la mente de preocupaciones irrelevantes. Si sólo tenemos limones, toca hacer limonada.

Por eso, ecuanimidad es imparcialidad serena de juicio.

Lo que hoy nos parece una desgracia, mañana puede resultar ser una bendición. La escritura divina siempre es recta, pese a que en ocasiones nos parezcan que los renglones con que se escribe nuestra vida están torcidos. Pero la realidad es que cada etapa que nos toca vivir, cada fase nueva en la que entramos —nos parezca positiva o negativa—, siempre es un ladrillo más para la construcción de nuestro futuro. No nos apresuremos a calificar como «buena» o «mala» cualquier cosa que nos suceda. El significado de cualquier situación depende del marco en que se sitúe; cuando cambia el marco, cambia también el significado. Y cuando uno mismo es capaz de dejar abierta la puerta mental de la comprensión para cambiar el significado, también cambian las respuestas y el comportamiento. Es lo que en PNL se llama «reencuadrar». Muchas veces lo que parece una desgracia es una bendición disfrazada. El patito feo vivió su diferencia como un defecto, pero ese «defecto» le hizo transformarse en un hermoso cisne.

Los aconteceres de la vida cambian de significado según como los vivimos. Una desgracia puede traer consigo la semilla de la felicidad.

Nos preocupamos por lo negativo que nos sucede, sin acordarnos que muchas veces eso mismo es lo que se permite que lo positivo llegue a nuestra vida. Un cuento oriental habla de una joven que sufrió todo tipo de desgracias: pierde a su familia en un naufragio, y, en la playa a la que llega exhausta, unos traficantes de esclavos la hacen prisionera y se la llevan para venderla como esclava. Las desventuras de esta muchacha siguen y siguen, encadenándose sus desgracias. Pero en cada una de estas situaciones tiene la oportunidad de aprender algo. Por ejemplo, a tejer. Y precisamente ese aprendizaje es lo que le lleva a encontrar su final feliz: como en todos los cuentos, llega un remoto país donde su rey espera que se cumpla la profecía que habla de una joven extranjera que tejerá para el trono el más bello manto que nunca vieron. Nuestra desdichada protagonista, a través de otras aventuras, llega a la presencia del rey, teje ese manto del que habla la leyenda, y se casa con él, convirtiéndose en una reina feliz. Un típico final de cuento, donde la moraleja que podemos extraer es que, al igual que esta muchacha, todas las experiencias «negativas» que tenemos en diferentes momentos de nuestra vida pueden ser el material con que se construya nuestra felicidad.

Una desgracia puede ser la clave de la dicha, y viceversa. A la hora de poner etiquetas a lo que nos sucede, procuremos ser ecuánimes. Si lo somos con nosotros mismos, nos resultará mucho más fácil el serlo también con los demás.

Todo cambia, y no hay nada permanente a excepción del cambio, como nos lleva diciendo la sabiduría taoísta desde hace milenios.

Un relato también interesante y más próximo en el tiempo tiene como protagonista al dramaturgo Eugène Ionesco. En primera persona, el escritor, narra sus experiencias personales desde los primeros años de su existencia errante:

En mis años de colegio en Francia aprendí que el francés era mi idioma y el más bello de la Tierra; los franceses, los más valientes del mundo, derrotaban siempre a sus enemigos y, si algunas veces, eran vencidos, se debía a que habían tenido que luchar uno contra diez o los había vencido un traidor.

Luego me trasladé a Bucarest. Allí me enseñaron que mi idioma era el rumano, la lengua más bella del mundo, por encima del francés. Me dijeron también que los rumanos siempre habían derrotado a sus enemigos, y que, si a veces no los habían vencido, los traidores tenían la culpa. También aprendí que los rumanos, no los franceses, eran los más grandes y mejores de todos.

Tuve suerte de no haberme trasladado al Japón un año más tarde.

Efectivamente, todo depende del color del cristal con que se mira. Benevolencia, compasión, simpatía gozosa y ecuanimidad. Cuatro actitudes internas, cuatro estados mentales a los que puede acceder cualquiera. No precisan de ningún conocimiento previo ni responden a complicadas abstracciones mentales.

Lo que son y lo que no son se puede ver en la vida cotidiana. Y en este tejido del día a día también se pueden comprobar sus efectos.

Uno mismo puede probar a incorporar estas actitudes conscientemente, y también, por qué no, puede convertirse en un observador de la realidad para extraer sus propias lecciones magistrales.

La verdad es con frecuencia demasiado sencilla para ser creída. Y en hacer lo sencillo con conciencia están contenidas muchas de las respuestas que el buscador, a veces, cree que tiene que ir a buscar lejos. Quizá sería bueno recordar y hacerse la siguiente pregunta, formulada por el maestro Dogen: «Si no puedes encontrar la verdad en el lugar dónde estás, ¿dónde más esperas encontrarla?»

NOTAS PERSONALES

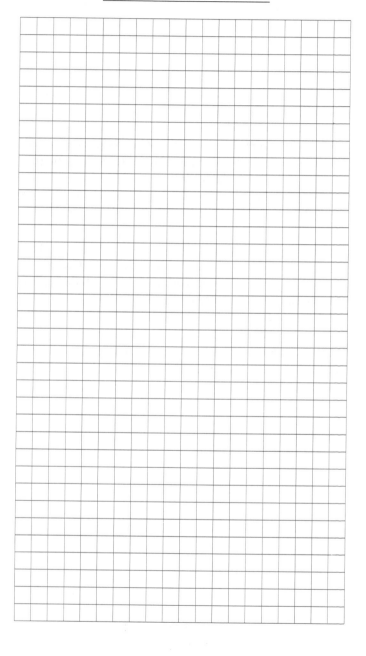

❦ Juegos
trascendentes

6

HABLAR de *juegos trascendentes* es entrar en una aparente paradoja contenida en el significado opuesto de estas dos palabras. Porque jugar, según el diccionario, es hacer algo por espíritu de alegría y con el solo fin de entretenerse o divertirse. Y lo trascendente es aquello que está más allá de los límites de la experiencia humana. Por tanto, trascender significa penetrar y comprender alguna cosa que está oculta.

Pero jugar no es una banalidad intrascendente; por medio del juego, con el espíritu elevado del juego, podemos acceder a lo que permanece oculto para la percepción ordinaria.

Y esta esencia lúdica del juego la tenemos muy olvidada, muy marginada de nuestra vida. Todo lo más se le asocia a cosas de niños, o se le presta atención en su vertiente patológica, cuando la ludopatía llega a convertirse en una adicción peligrosa y destructiva.

En los juegos adultos siempre prima el factor de competición, y ganar es el objetivo. Pero en el juego de la vida no tiene sentido ni el ganar ni el perder; es fácil ir a un lado o a otro, es fácil quedar vencedor o ser vencido. Pero jugar sin el deseo de ganar o sin el temor de perder es muy difícil.

Dice el budismo que del deseo surge el dolor; del deseo surge también el miedo. Para aquel que está libre del deseo, no hay dolor ni mucho menos miedo.

La vida es un juego de naipes en el que todo el mundo recibe una mano que debe aceptar. El éxito de cada uno dependerá de que la juegue del mejor modo posible. Una gran proporción de los fracasos en la vida corresponde a personas que se niegan a aceptar sus cartas e insisten en jugar la mano que creyeron debió habérseles dado.

La propuesta que hacemos en este capítulo es recuperar el espíritu del juego infantil y traspasar esta perspectiva lúdica a nuestra vida de adultos, como alternativa nueva para el buscador que desea aventurarse por los caminos luminosos donde el poder del Amor se manifiesta.

No hay que hacer un acopio de conocimientos mentales para lograrlo; como dice el *I Ching,* el *Libro de las Mutaciones,* «el arte de vivir sólo consiste en proceder con sencillez».

A través del juego, de los juegos trascendentes, podemos descubrir todo nuestro potencial creativo e incorporarlo activamente a nuestra vida. Creatividad no es ser diferente; cualquiera puede aparentar originalidad; eso es fácil. Lo difícil es ser tan sencillo como la obra musical de Bach.

Convertir lo sencillo en complicado es algo banal; estamos cansados de ver cómo lo hacen los profesionales de las ideologías. Lo que nos interesa es justamente lo contrario: convertir lo complicado en sencillo, en algo asombrosamente sencillo. Eso sí es creatividad.

La mística del corazón

Muchos de los errores nacen del deseo de jugar para ganar. Esto tiene mucho que ver con la actitud interior desde la que se actúa, con el espacio interno de donde surge la intención que mueve la acción. Quien está en el error, necesita de argumentos para intentar imponerlo a los demás. El que posee la verdad, se esfuerza en aplicarla a sí mismo. Es la señal de que no engaña, porque actúa con la humildad de reconocer sus intentos fallidos, de aceptar sus errores, de aprender de ellos, sin tener la atención constantemente puesta en necesitar demostrar a los demás nada.

Quien desea ganar a toda costa no ha comprendido el espíritu del juego. Las artes marciales elevadas, las de carácter espiritual, no buscan derrotar al oponente, ni aplicar el ojo por ojo de la doctrina del Antiguo Testamento; en el «budo» no existen ni los oponentes ni los enemigos. Se trata de armonizar todas las facultades de la persona hasta alcanzar la unión con el Universo. La pelea acaba antes de empezar. Es el arte de la no resistencia. Por ser la no resistencia, siempre vence.

La *mística del corazón* surge de la actitud profunda del juego; quien escoge esta vía se transforma visiblemente; irradia una presencia luminosa, amable e intensa. Está en armonía con el Universo. Su «wa» se mantiene en perfecto equilibrio.

Todavía son muchos los que asocian el camino espiritual con el sacrificio y el sufrimiento. Quizá sea por la imagen estereotipada del eremita o del yogui sometiendo su cuerpo a mil disciplinas. O por el peso de la imagen del santo cristiano en constante penitencia. Sugiero que se revise la vida de Santa Teresa de Ávila, una de las grandes figuras del misticismo: la risa, la alegría y la acción constantes están en la vida de esta santa, que consiguió impregnar la humildad de lo cotidiano con el aroma de los estados místicos más profundos. No se fue volando a buscar al Amado, sino que hizo de su actividad cotidiana un escenario apropiado para que ese divino encuentro se produjera. Su vida es la expresión clara de lo que ella misma dijo, y es que Dios también está entre los pucheros.

La seriedad, la pomposidad y la actitud dogmática se cultivan con el nutritivo abono de la gran importancia personal que nos concedemos a nosotros mismos.

Quien esto escribe conoce bien los monasterios zen del Japón, país donde estuvo viviendo durante una larga temporada. Es difícil encontrar un lugar donde los monjes se rían tanto y tan a menudo. Quizá sólo se le pueda comparar la hora del recreo de cualquier colegio de primera enseñanza.

Todo el mundo sonríe en el mismo idioma; quizá la risa y la sonrisa sean un legado universal que retenemos todavía como recuerdo de épocas olvidadas por la historia colectiva y por la memoria individual.

La *mística del corazón* nos conduce hacia la trascendencia por unos senderos antiguos como el corazón humano, pero que permanecen tapiados por las corazas que imponen las normas, las creencias y los dogmas. Por la seriedad de las personas mayores que somos, agobiadas por los problemas, las preocupaciones y la ansiedad constante.

Por esos nuevos/viejos caminos podemos comenzar a transitar para recuperar la espontaneidad perdida, la inocencia original y la atención clara hacia el lugar de donde surgen nuestras acciones. Porque quizá sea el momento de andar deprisa sin casi movimiento exterior, de avanzar sin correr ni levantar los pies, de sustituir el dolor y el sufrimiento por otras formas más refinadas y sencillas de *aprender desaprendiendo.*

Quién se acerca al espíritu del juego y se impregna de él, deja que éste se desarrolle según las normas divinas.

El juego de la mente de Dios

Oriente es extraordinariamente sutil y rico en su forma de ver el mundo. Al hinduismo pertenece el concepto de «lilah», el juego divino.

Para los maestros hindúes, este mundo es el juego de Dios; como un tablero de juego inmenso extendido por el cosmos, cuyas reglas desconocemos y cuyas múltiples dimensiones interactúan entre sí sin que nosotros podamos percibirlas.

Situados en este pequeño espacio que conocemos como mundo, y en el que nos corresponde vivir, un proverbio italiano nos recuerda la escasa importancia de los afanes mundanos: una vez terminada la partida, el rey y el peón vuelven a la misma caja.

En «lilah» nada termina. Donde aparece un gran fin, se está engendrando, con seguridad, un gran principio. Cuando lo que entendemos como destrucción aparece en nuestro panorama como algo desolador, podemos tener la certeza de que sólo es el preludio de una creación más grande.

En la divinidad reside el poder de inmanencia y trascendencia, porque todo lo anima, desde lo más infinito a lo más infinitesimal. El secreto para el buscador consiste en establecerse en ese espacio interior donde mora su Dios interno, y mirar cómo transcurre el juego de los fenómenos que es «lilah». Este espacio interno es sagrado porque nos conecta con lo divino que está en nosotros. Aparece cuando desaparece todo lo demás.

Estamos hechos de la sustancia divina, pero vivimos de espaldas a esta realidad, demasiado atareados en resolver las trampas que nos pone el ego, como un «croupier» personal que actúa en este casino mundial que se llama «lilah». Cuando queremos explicarle a un niño que somos parte de Dios y que Él está en nosotros, recurrimos a ejemplos sencillos, breves y claros. El más conocido es el de la barra de pan: se corta un trozo y éste se parte en otros más pequeños, diferentes en formas y tamaños. Todos son distintos, pero todos participan de los mismos ingredientes, de la misma masa original.

Un trozo de pan se puede cubrir con capas y más capas de distintos alimentos, pero debajo de todo sigue estando el pan. La analogía es clara y enseguida es comprendida por las mentes infantiles: la barra de pan es Dios y nosotros somos los trozos; todos participamos de las cualidades divinas, aunque muchos no lo sepan y quieran olvidarlo. La forma de conectar con esta sustancia original es acallando el ruido mental y permitiendo que el ser real emerja. Recordemos: esta conciencia del ser aparece cuando desparece todo lo demás, todo lo que creemos que somos. Únicamente entonces *somos en lo real*.

Parte del secreto estriba en comprender que la vida no es una sucesión de problemas a resolver, como si a cada jugada de ajedrez le siguiese otra aún más difícil. La vida es un misterio que hay que vivir. Y la alegría es parte del código secreto que nos permite el acceso al ordenador central, donde se genera el espíritu del juego del Universo. Como decía Sri Aurobindo: «Aprende la alegría pura y aprenderás a Dios.» Porque Dios puede que sea un niño eterno jugando a un juego eterno en un eterno jardín. El Universo podría ser la manifestación de esta alegría divina. Visto desde una perspectiva humana, al Universo lo único que le interesa es su propio juego.

La sabiduría de vivir y las reglas del juego

Asomarse a los últimos descubrimientos sobre el cosmos a través de los ojos cristalinos de los telescopios espaciales, como el Hubble, nos permite contemplar por las ventanas abiertas de la tecnología, unos vastos espacios llenos de fantasía, inaccesibles incluso para la imaginación del escritor de ficción científica más delirante. Un quásar es el fenómeno más poderoso del Universo que hasta ahora conocemos; desprende más energía luminosa que una galaxia con cien mil millones de estrellas más grandes que nuestro Sol. Inimaginable.

Las imágenes llegan a la Tierra. Los expertos en divulgación científica se las ven y se las desean para hacer comprender al público de a pie que lo que está fotografiando el Hubble es en realidad el pasado.

El *recuerdo del futuro* puede ser una expresión precisa de una realidad. No es una abstracción, y sólo a través de la poesía podemos formular esta frase, que, sentida desde lo más hondo, levanta un extremo del velo.

La idea de recordar el futuro rompe los esquemas y desafía los postulados de la razón. Si surge desde el silencio de la mente, la comprensión instantánea aflora. Como decía Pascal, se pueden cometer dos excesos: excluir la razón y no admitir más que la razón.

La sabiduría de vivir reside en conocer las reglas del juego de la vida. Para ello, quizá haya que alquimizar la razón conviertiéndola en una intuición ordenada.

Para los aficionados a la investigación espacial, la realidad que nos muestran los expertos está cada vez más cerca de la paradoja purificadora que roza con los estados místicos descritos por los seres iluminados que han transitado por el planeta. La mente se pierde en las distancias, en el espacio, en el tiempo. Se diluye en magnitudes de energía inconcebibles, en distancias que sobrepasan el concepto espacio-tiempo, en estallidos luminosos que la razón no puede ni siquiera concebir, porque la energía puesta en juego sobrepasa nuestros límites mentales. Las fuerzas gravitacionales hacen moverse galaxias enteras, en una danza de colosos cósmicos sin forma ni dimensiones precisas, cuyo ritmo supera todo lo conocido e incluso todo lo imaginado, y se escapa por el agujero negro de otras realidades.

El tablero del juego divino tiene dimensiones extra-humanas, desde luego... pero siguiendo la ley hermética del «como es arriba es abajo», parte de ese juego tiene que estar reproducido en nosotros.

La manera de acceder a este conocimiento impreso en nuestras células seguramente no depende de los conocimientos científicos que poco a poco, y gracias a la sofisticada tecnología, van llegando. No, seguramente no es cosa de la ciencia, porque entonces sólo los científicos tendrían la oportunidad de convertirse en grandes iniciados. Quizá se trate de los descubrimientos personales que cada cual haga dentro de sí mismo.

La sabiduría de vivir está muy relacionada con el conocimiento de los múltiples ciclos que se solapan en la vida, tal y como lo conocemos. Los ritmos de actividad y de reposo, el oscilar del péndulo desde lo lleno hasta el vacío, marcan los momentos vitales de nuestro mundo; comprender, por analogía, cuándo toca mover ficha y cuándo toca esperar a que el turno vuelva a nosotros, es parte de esta sabiduría de vivir. Para nosotros, la naturaleza es la encargada de marcar el reglamento por el que se rige nuestro planeta. Ella es la que muestra, desde que el mundo es mundo, cómo funcionan los ciclos, cómo el vacío busca ser llenado, cómo de la muerte del invierno surge el nacimiento de la primavera. La raíz de todas las religiones, de todas las filosofías vitales que han acompañado a la Humanidad desde hace milenios reside en este conocimiento. Al taoísmo, por ejemplo, alguien lo definió, acertadamente, como una religión de lo espontáneo. Como una guía del desaprender y del fluir con la alegría que brota de lo profundo.

Tal vez la razón de que tengamos calendarios y marquemos la vida en años, radique en que el propio cambio de los ciclos brinda esperanza. Necesitamos comienzos frescos y nuevas oportunidades, y saber también que todavía disponemos de puntos de partida, a pesar de haber desperdiciado unos cuantos. El reloj anual puede empezar a funcionar en cualquier momento de los doce meses.

El trabajo estéril

Los seres humanos apenas si nos damos un respiro para participar activa y conscientemente en este juego, del que somos también protagonistas, aunque pasivos. Se trata de aceptar la invitación de reproducir en nuestras vidas la parte que nos corresponde en este juego divino, y de aceptar el papel del jugador consciente que mueve ficha sobre el tablero; esto equivaldría a redimensionar en nuestra naturaleza humana los aspectos equivalente del gran juego, esa actividad lúdica que también tenemos integrada de alguna manera y que parece ocupar la atención del Universo.

Pero estamos demasiado ocupados generando más de lo mismo, apresados en una repetición mecánica, que cada vez se acelera más en su viaje a ninguna parte.

El concepto de trabajo tiene mucho que ver con este callejón sin salida. La verdadera maldición bíblica no estriba en el esfuerzo y la consiguiente recompensa; cuando el pan ganado con el sudor de la frente no es suficiente, y la compulsión por el *tener* deja a un lado el *ser,* el trabajo deja de ser un medio para convertirse en un fin. Entonces se vuelve una trampa que nos ata más y más en la estéril rueda del consumo, de la ambición y del estrés. Un trabajo que aumenta las necesidades y los apegos es algo estúpido. El trabajo que las disminuye y nos acerca a lo verdaderamente importante mantiene un carácter sagrado.

Esto lo saben bien los que trabajan por los demás o los que hacen de su trabajo un modo de perfeccionarse; da igual que se ocupen activamente de los pobres y de los enfermos, que desempeñen la ocupación más humilde o que tengan una profesión bien considerada socialmente. La actitud de servicio y la intención correcta es lo que ennoblece y libera. Y se puede adoptar desde cualquier lugar en que nos haya colocado la vida.

El conocido cuento del pobre ignorante que llamó a las puertas de un monasterio, es un buen ejemplo. Como se trataba de un hombre analfabeto y muy rudo, no fue aceptado como novicio, pero le proporcionaron una escoba y le permitieron vivir allí si se ocupaba de barrer.

Así, durante años, el hombre barrió minuciosamente todo el monasterio, sin faltar ni un solo día a su deber. A medida que pasaba el tiempo, los monjes notaban en él una aureola especial: irradiaba paz, callada alegría, y su sola presencia resultaba inspiradora, aun cuando seguía ocupándose sólo de barrer. Le preguntaron si había seguido alguna práctica o método especial para alcanzar ese grado de evolución espiritual que en él observaban, pero el hombre, con gran sencillez, repuso:

—No, no he hecho nada. Sólo me he dedicado a barrer los suelos diariamente, a limpiar con amor. Y cada vez que barría la basura, pensaba que estaba también barriendo mi corazón y limpiándome de todo veneno.

El suyo, realmente, no había sido un trabajo estéril.

Guiños solidarios

Cualquier trabajo puede ser alquimizado y convertido en la esencia del juego. De esto saben no sólo los personajes de los cuentos populares, sino los camioneros, taxistas y otros profesionales contemporáneos de las rutas y los caminos. Algunos actúan, a veces, como auténticos ángeles guardianes de muchos conductores despistados. Como fue el caso de aquella chica de dieciocho años que, con el carné de conducir recién estrenado, emprendió un largo viaje por carretera para ir a visitar a su familia que vivía a muchos kilómetros de distancia. En su viaje, adelantó y la adelantaron varias veces camiones de gran tonelaje. Circulaba entre ellos en terreno llano, y los adelantaba cuando perdían velocidad en las subidas. Al volver a encontrárselos más adelante, intercambiaron sonrisas y gestos de saludo.

A la mitad del camino, los camiones hicieron sonar sus bocinas como despedida y tomaron otra carretera.

Cuando la chica se detuvo a echar gasolina unos kilómetros más adelante, un camionero se le acercó.

—¿Eres tú la que viene desde Vigo? —le preguntó.

—¿Cómo dice? —replicó ella.

—¿Es tuyo ese coche pequeño, con matrícula de Málaga?

Ella respondió que sí, y el camionero entonces le dijo:

—Me alegro que estés bien. Los camioneros que hacen la ruta Vigo-Madrid han dado un mensaje por la banda de sus radios. Nos han pedido a los que recorremos el camino Madrid-Málaga que cuidemos de ti, porque no se te ve muy diestra al volante, y además viajas sola.

Aquella chica nunca lo olvidó. Cuando lo cuenta, y ya han pasado muchos años, todavía se emociona un poco.

En aquella jornada de ruta todos los camioneros anónimos que cuidaron de ella supieron hacer que su trabajo se convirtiera en un guiño solidario.

Fragmentos luminosos de Amor se pueden encontrar en todas partes, como pequeñas luciérnagas que marcan el camino. El auténtico trabajo interno es reconocerlos y reafirmarlos, polarizándonos hacia ellos hasta que calen hondo en nuestra vida. Hasta que se conviertan no en hechos aislados, sino en una manera de hacer, tan integrada, que brota espontánea como el agua de un manantial.

El trabajo de cada cual puede ser una excelente plataforma para desarrollar muchos valores humanos, incluso para acceder a la luz y al crecimiento interior, como le pasó al barrendero de nuestra anterior historia.

También puede servir para todo lo contrario, y a este respecto se podría reflexionar sobre ello, tomando como punto de partida al esclavo, que trabaja porque está obligado. Al artista, que lo hace porque disfruta, y al necio que hace un trabajo innecesario precisamente porque es necio. Todos tenemos algo de estos tres personajes, pero lo inteligente es tomar de cada uno la debida proporción y evitar tener demasiados puntos comunes con ninguno de ellos.

Los hombres grises

Hay quien se equivoca de juego y se hunde de cabeza en una adicción que termina consumiéndolo. Son los que se han quedado atrapados en la actitud compulsiva de ganar y ganar a toda costa. Olvidaron que el placer del juego reside, precisamente, en el jugar porque sí. El tiempo es su mayor enemigo, y se pasan la vida peleándose con él. En *Momo,* la historia infantil de Michael Ende, hay una exacta descripción de los «hombres grises» que introducen la prisa y la obsesión por el tiempo en una tranquila comunidad. Proceden igual que un «camello» cuando quiere conseguir un nuevo cliente para su negocio de venta de drogas; al principio las ofrece gratis, y, cuando ya ha creado la adicción, la persona debe pagar casi con su vida para seguir satisfaciéndola.

El hacer compulsivo tiene su origen en el miedo. El miedo es un impedimento para que el Amor surja. No es algo innato, sino algo que se aprende y se transmite de generación en generación, de especie en especie, como una forma elemental para la supervivencia.

Pero otro de los códigos de seguridad de las especies para evitar su extinción es la versatilidad. Para la sociedad occidental, todavía es una asignatura pendiente. Como dice el *I Ching,* «cuando el camino parece llegar a su fin, cambia; cuando cambias tú, cambia también el camino y entonces puedes atravesarlo».

La avidez del «mundo rico» parece insaciable. Un veinte por ciento de la Humanidad vive a costa de ese ochenta por ciento que se mantiene en los umbrales más absolutos de la miseria. Y cada vez se quiere más, cada vez se sigue trabajando más, sin un minuto de descanso, sin darse un respiro. Quien quiera puede echar un vistazo a cualquiera de los informes periódicos que las organizaciones ecologistas hacen, detallando el ritmo de destrucción del ecosistema. Es estremecedor ver con qué persistencia nos inclinamos, colectivamente, hacia el vacío sin que los gobernantes hagan nada para evitarlo, porque la madeja de los intereses es demasiado tupida ya y se les ha ido de las manos.

Es la lógica del absurdo. Muchos de los diálogos de los hermanos Marx en cualquiera de sus películas son auténticas llamadas de atención. Estos magistrales artistas han elaborado *koans* occidentales, como el siguiente:

—Vamos, ande un poco más rápido —dice Groucho.

—¿Y por qué tanta prisa, jefe? —le contesta su hermano—. No vamos a ninguna parte.

—En este caso, corramos y acabemos de una vez con esto.

Corremos demasiado deprisa hacia ninguna parte. Quizá esa tendencia de la huida hacia delante sea la causa de haber esquilmado los recursos naturales, de haber contaminado y envenenado las grandes arterias por donde circula la vida del planeta. Tal vez todos los tóxicos vertidos en nuestra atmósfera, que son también sus pulmones, sean el resultado de una torpeza de visión, de una voluntaria renuncia a la comprensión, envilecida por la estéril y venenosa codicia.

Y muchos contribuyen a esta voluntad predadora, que siega la hierba bajo nuestros propios pies, anteponiendo sus pobres y mezquinos intereses al sentido común y al respeto por la vida.

Hace tiempo que se perdió el equilibrio entre el comportamiento humano y su relación con el medio ambiente; tarde o temprano se producirá la respuesta. El péndulo del ciclo vital está llegando a ese punto donde se invierte el movimiento.

El esfuerzo de la rana

Para que se produzca el auténtico progreso hay que desechar toda idea preconcebida. Hay que empaparse del sentido del juego divino y orientar los esfuerzos en la dirección correcta. Porque también el esfuerzo forma parte del mismo juego. Todo tiene un precio, y quien no está dispuesto a pagarlo no puede esperar a que le llueva nada del cielo. Hay que invertir la suficiente cantidad de energía para que el Universo responda en la misma dirección.

Recordemos la historia de las dos ranas que saltaron dentro de un cubo de nata en una lechería. Ranas dotadas del poder de la palabra y de la capacidad de pensar, naturalmente; en los cuentos suelen permitirse estas licencias.

—Más vale que nos demos por vencidas —gritó una de ellas, mientras se esforzaba en vano por salir—. Estamos perdidas.

—Sigue nadando —dijo la otra—. Saldremos de alguna manera.

—Es inútil —chilló la primera—: esto es demasiado espeso para nadar; demasiado blando para saltar; demasiado resbaladizo para arrastrarse. Como de todas maneras he de morir alguna vez, mejor que sea esta noche.

Y se dejó caer, muriendo ahogada.

Su compañera siguió nadando y nadando, sin rendirse. No sabía adónde le podía conducir su constante esfuerzo, pero no dejaba de nadar.

Y, al amanecer, se encontró sobre un montón de mantequilla que ella misma había batido.

Los esfuerzos de la ranita tuvieron su recompensa. Salvó la vida porque fue capaz de transformar, con su tesón y paciencia, la leche en una sólida superficie de mantequilla.

El que no quiere mover un dedo, el que prefiere que todo se lo den hecho y delega su responsabilidad personal en manos de otros, muestra un profundo desconocimiento de las leyes de la vida. En general, este tipo de persona suele consolarse pensando que un azar gratuito les va a resolver la vida material... o la del otro lado, porque también hay *amorfos del espíritu* que se niegan a emplear ni un gramo de energía para crecer internamente. Recuerdo a alguien que responde a esta descripción, a quien le gustaban mucho los juegos de azar, por el premio sin esfuerzo que podía conseguir en ellos. Esperaba una lluvia de millones constantemente, pero a veces el destino gasta bromas pesadas.

Esta persona tenía mucho de supersticiosa, y además era muy aficionada a la numerología, los adivinos, las mancias y los amuletos. En una ocasión fue a las carreras de caballos con la intención de apostar todo su dinero al número 10. Las «señales» que había percibido así se lo aconsejaban.

Más tarde, contaba su aventura a un amigo:

—Fui al hipódromo el décimo día del décimo mes del año, y llegué a las diez en punto. Mi hijo cumplía diez años ese día, y en la décima carrera había diez caballos. Estaba clarísimo que tenía que apostar todo al caballo número diez de la lista.

—¿Y ganó? —le preguntaron.

—No, llegó en décimo lugar.

El contagio psíquico

Con frecuencia se apuesta al caballo equivocado, aunque la mayoría de las veces ni siquiera uno es consciente de que formula ninguna apuesta y, sin embargo, se deja llevar por las «señales» que cree percibir. La vida nos envía mensajes continuamente; se pueden aprender muchas cosas de la observación de los pájaros, de los propios sueños, de las olas del mar, o de los errores y equivocaciones que cometemos de forma involuntaria.

Las coincidencias, las casualidades y las sincronías que frecuentemente se producen en nuestra vida son auténticas llamadas de atención que contienen información valiosísima para detectar por dónde soplan los vientos y cuál debe ser nuestro rumbo para ponernos a su favor.

Pero, para acceder a esa información, se precisa estar muy atento, muy relajado, muy «descondicionado». Y precisamente eso es lo que nos falta. Gurdjieff ya hablaba de esos seres humanos dormidos, que actúan mecanicamente, como robots programados por el Gran Sistema.

Todas las enseñanzas de los grandes maestros son una llamada al despertar de este sueño nebuloso. Una de las normas higiénicas básicas, que cualquiera puede aplicar antes de introducirse en la meditación y en la autoobservación, es ser consciente de que el contagio psíquico existe. Los estados de ánimo son altamente contagiosos, y sobre todos aquellos que se generan en las grandes concentraciones de masas, donde la individualidad se diluye en una sopa espesa y nadie se hace responsable de nada. Ahí es donde mejor prende la mecha del fanatismo y la locura destructiva, y las catástrofes de los estadios de fútbol son un triste ejemplo.

Los periodistas conocemos bien que el contagio psíquico se produce también de otras formas más sutiles, sobre todo en los colectivos altamente sugestionables, como pueden ser los adolescentes. La responsabilidad y el código ético de un profesional de la información debería anteponerse a los intereses que suscita la fácil venta de las noticias con morbo. Esto no es así, y quizá por eso el triángulo invertido que forman las pulsiones más bajas del sexo-violencia-poder, son el *leimotiv,* el sustrato pegajoso donde crecen la mayoría de las informaciones que consume el gran público y que son servidas como carnaza ávidamente deglutida. El escándalo es lo que vende.

El buscador espiritual que quiere desprogramarse y salirse de estos caminos trillados que consumen las masas como si fuera el «soma» de los autómatas descritos por Aldous Huxley, tiene que hacer un gran esfuerzo. Alejarse de las grandes concentraciones físicas de personas, y alejarse también de esos otros «concentrados ideológicos» que marcan los gustos y las modas, es un primer paso. Pero muchas veces no es posible por completo para quien vive en una gran ciudad; puede renunciar a ir al fútbol o a las grandes discotecas, pero quizá no le resulte tan fácil evitar los grandes atascos de tráfico. La siguiente anécdota, real, prueba que uno mismo, con un poco de imaginación, puede dirigir conscientemente, esa fuerza ciega que surge cuando hay una multitud de personas cabreadas porque tienen que soportar un atasco.

La escena hay que situarla por la noche y a la entrada de cierto túnel de una carretera de circunvalación que rodea la gran ciudad. Un choque entre dos vehículos era la causa de que se hubiesen cerrado dos de los cuatro carriles para pasar por el túnel, pero nada se dijo a los conductores, que se encontraron retenidos durante bastante tiempo.

Cuando la aglomeración de los coches fue muy grande, la cólera y la frustración hicieron que el estrépito de los bocinazos se volviera ensordecedor. La protagonista de nuestra anécdota recordó que acababa de estrenar un estupendo equipo de música en su coche y que tenía cintas de música clásica. Puso a Vivaldi a todo volumen y bajó las ventanillas. Había escogido *La primavera,* porque aquélla era una noche del mes de abril.

El resultado fue asombroso. Al cabo de unos minutos, las bocinas de los coches más próximos dejaron de sonar. Pronto enmudecieron hasta los vehículos que estaban más lejos en la fila. Se abrieron poco a poco las ventanillas y los conductores comenzaban a relajarse en sus asientos.

Durante los siguientes quince minutos avanzaron todos a golpe de rueda hacia la salida del túnel. Luego, cuando los coches tomaron sus respectivos carriles y el atasco comenzó a deshacerse, muchos de los conductores pasaban al lado del coche de nuestra protagonista y le saludaban amistosamente.

A Vivaldi se le suele escuchar en ambientes más tradicionales. Pero dudo que alguna vez le hayan tributado un homenaje más sincero que aquella noche, donde cambió la polaridad de los estados de ánimo de bastantes automovilistas irritados.

La estrategia del porque sí

En la naturaleza humana coexisten lo más sutil con lo más grosero. Entrar en el juego de la mano del *desaprender* nos permite orientarnos hacia lo divino que hay en nosotros. Los niños juegan porque sí; no esperan obtener nada a cambio, salvo el placer del propio juego. Al quitarnos la máscara impuesta por la seriedad que corresponde a la madurez, recuperamos la capacidad de asombro y también la espontaneidad perdidas.

Se trata de una elección que sólo se plantea cuando existe la suficiente lucidez como para permitir que aparezca.

Si el dolor es una llamada de atención, la comprensión de lo que somos realmente, independientemente de las etiquetas que nos ponemos y que proceden del archivo del mundo de las apariencias, también lo es. Mucho más eficaz, por lo que tiene de directa y de liberadora. Además, amplía las posibilidades de disfrutar con lo que somos y con lo que hacemos.

Disfrutar es una palabra con mala imagen en los ambientes «esotéricos». Quizá sea porque nuestras raíces judeocristianas se han empeñado en asociarla con el «pasárselo bien» (siempre con connotaciones pecaminosas) o con el estar divirtiéndose constantemente sin dar golpe. Disfrutar es parte imprescindible del juego, porque, si no, no existe. Lo que vale es amar lo que se hace. Y el poner Amor en cualquier cosa hace que cualquier cosa se vuelva una expresión del Amor.

Se juega porque sí. Ese momento delicioso hay que vivirlo. No puedes llevártelo contigo. O lo disfrutas en el instante, o se evapora irremediablemente.

No podemos cambiar el dolor del mundo con ninguno de nuestros actos, pero sí podemos poner Amor en cualquiera de nuestros actos. Es una contribución al depósito universal. La comprensión de las cosas nos ayuda a hacerlo; con ella como aliada, se percibe algo distinto. Algo que está reservado a las personas más evolucionadas, más completas. Nos permite situarnos en la frecuencia del disfrutar.

Un punto compuestos por muchos ingredientes, donde el humor y el sabio amor a uno mismo nos colocan en el punto de partida para comprender a los demás y amarlos. Decía Tagore que no amamos porque no comprendemos, o más bien, que no comprendemos porque no amamos.

Éste es un camino de ida y vuelta, con dos direcciones que se entrecruzan constantemente, hasta el punto de que ir es venir, y volver es avanzar.

Nos lo dejó abierto Cristo, con aquel «amaos los unos a los otros como yo os he amado». Como siempre, el punto de partida es darse cuenta de que esto es posible, si abandonamos las viejas armaduras donde nos tiene encerrado el ego. Entonces entramos en los espacios de libertad que nos brindan la lúdica intución de los juegos trascendentes, y a partir de ahí podemos batir la exquisita salsa que liga *consciencia* con *conciencia*.

Ser consciente es darse cuenta de algo, y la conciencia es la luz que hace aflorar, como en un torrente, toda la información necesaria.

Conciencia es una clave de acceso al programa de nuestro ordenador personal que está conectado con la Fuente.

Los video-juegos de tiempos remotos

Esta clave la tenemos todos incorporada, aunque ni siquiera lo sepamos; es la llave maestra, el «ábrete Sésamo» de los cuentos infantiles, el «abracadabra» de los secretos geométricos encerrados en las letras del alfabeto. Lo escuchábamos en los cuentos, cuando éramos pequeños. El conocimiento de ciertos sonidos, de ciertas disposiciones de las formas, nos permiten el acceso a otras dimensiones, a otros paisajes llenos de riqueza.

La piedra que cerraba el paso a la cueva de los tesoros se abría con el conjuro mágico de unas cuantas palabras dotadas de una resonancia especial.

Ésta es una forma de expresar lo que es un código cifrado, en los tiempos en que no existían ordenadores ni videojuegos. La realidad virtual de las pantallas permite el acceso a otro tipo de información, pero la forma es lo de menos. Cambia con los tiempos y con las mentalidades. Lo que de verdad interesa son los resultados.

Y los elementos para conjurar esos resultados están, desde siempre, incorporados a nuestra propia naturaleza y forman un entramado consustancial con nosotros.

Cuando uno se da cuenta, el sufrimiento se revela como innecesario; ha dejado atrás su rudimentaria utilidad. Si caemos en él, es por el peso del hábito, de la costumbre, que ha labrado unos grandes y profundos surcos en nuestra conducta.

Si somos capaces de salir de esos trazados que han pervivido durante un par de milenios, al menos, en la memoria colectiva, podemos reconocer que comienza otra etapa, otra fase más iluminada.

Cuesta un gran esfuerzo, porque se ha creado una fuerza empática que gusta de multiplicarse. Así garantiza su estabilidad y prolonga su imperio, nutrido por la sustancia que genera el sufrimiento de miles de millones de mentes. Los surcos de la Gran Costumbre han creado huellas tan profundamente marcadas en el devenir humano, que romper esos eslabones supone todo un desafío de corte prometeico.

Pero, esta vez, quien pueda conseguir hacerse con el fuego sagrado de los dioses no estará cometiendo un robo mitológico, sino una recuperación prometida a los humanos que desean y pueden —porque ha llegado el momento— abandonar su parte de naturaleza inferior y trascender a un nuevo estado. Los héroes actuales no se verán atados a una roca ni sometidos al ataque mortífero de las aves carroñeras. Ahora no, quizá porque los tiempos sean los propicios para la transformación, y los dioses estén de nuestra parte.

El aprendizaje del «no»

Una profesora de gramática intentaba explicar a su alumno adolescente la diferencia entre conciencia y consciencia.

—¿Sabes el significado de cada una? —le preguntó.

—Sí, creo que sí —dijo el chico—; estar consciente es tener noción de algo. Tener conciencia es desear no tener esa noción.

Evidentemente, el chico estaba programado para el *aprendizaje del no.*

¿Por qué seguir respondiendo a esta forma arcaica de enseñanza? El *no* es una parte secundaria del juego, y de esto se da cuenta el jugador inteligente en cuanto comprende las reglas. La enseñanza del *no* es una invitación directa a la trasgresión. Quien tenga hijos adolescentes, lo habrá comprobado en carne propia. Quien mantenga vivo el espíritu de rebeldía, reconocerá que el *no* es el mejor estímulo para probar cualquier cosa, para gustar el sabor de la fruta prohibida.

Una chica de dieciséis años me contaba que su padre, un escritor conocido por sus ideas liberales y vanguardistas, le daba pocos pero buenos consejos. Jamás intentó imponer nada en su educación, y fiel a sus principios de «progre», la animaba a vivir y experimentar por sí misma. Pero el día de su cumpleaños, mientras el padre la miraba cortar la tarta, le dijo algo que nunca olvidará.

—Ve a todas partes. Míralo todo. Haz de todo. Observa cómo ven la realidad otras personas, otras culturas. Procura probarlo todo.

Y enseguida le enseñó a decir *No* en siete idiomas.

El *no* sólo tiene un sentido, y es cuando uno mismo llega al convencimiento de que no quiere hacer determinadas cosas. Ha hecho su elección, y con la ayuda del discernimiento decide lo que quiere y lo que no quiere hacer. Ésta es una fase muy alta de la evolución personal; la mayoría ni siquiera acceden a ella, porque nunca llegan a abandonar los espesos planos donde siempre otros deciden por ellos, diciéndoles lo que tienen que pensar, lo que tienen que comprar, lo que tienen que sentir.

En el aprendizaje hay varias etapas; en la primera se aprende todo aquello que se consideran «las respuestas correctas». En la segunda, uno ha dado un paso más y aprende a formular preguntas, sin contentarse con lo que le ofrecen como dogmas inamovibles. En la tercera y última fase, se aprende cúales son las preguntas que vale la pena plantear. Generalmente, al llegar a este punto, esas preguntas no se dirigen hacia nada externo, sino que van dirigidas hacia uno mismo.

Las ventajas del «sí»

Seguir respondiendo al *aprendizaje del no* es dejarse intimidar con los «no hagas», «no puedes», «no debes». Todos ellos son aliados del miedo y de la culpa.

En este contexto, la conciencia sería una especie de policía interno que, reglamento en mano, inicia una persecución implacable que nunca cesa. Así lo veía el alumno adolescente de nuestra anterior historia. Pero conciencia (que tanto se asocia con *remordimiento*) es la posibilidad de comprender lo invisible, de ser en ello. A mayor grado de conciencia, mayor presencia de lo Real. Ampliar los niveles de conciencia es un anhelo de nuestro corazón, que busca conectarse con la realidad divina.

¿No están los tiempos ya maduros para empezar a probar con el *aprendizaje del sí,* de la afirmación?

En el abecé de cualquier técnica de entrenamiento mental, se dice claramente que todo aquello que queramos grabar en nuestra cinta mental para reprogramarla y conseguir los resultados deseados (eliminar un hábito, reforzar la autoestima, etc.) debe ser planteado afirmativamente, en positivo. Para dar las instrucciones al subconsciente, sea a través de las afirmaciones, sea a través de las visualizaciones, tanto las palabras como las imágenes deben reflejar lo que queremos conseguir, no lo que queremos abandonar. Desde el *no* muy poco se puede construir.

A ese alumno que asociaba conciencia con la imagen de un moscardón molesto al que hay que ahuyentar de un manotazo para que deje de incordiar, alguien le debería enseñar que tiene abierto otro campo de experimentación, más allá de considerar el «bien» como algo aburrido, y el «mal» como algo excitante.

El bien produce satisfacción interna, equilibrio personal, y nos sitúa en un indefinible estado de armonía interior. El bien es la belleza y no el aburrimiento. Las palabras bien-estar y mal-estar son suficientemente expresivas. Merece la pena experimentar una y otra vez lo que sucede dentro de nosotros, cuando nos proporcionamos el bienestar de actuar bien; para ello, conviene reforzar los instantes en que se hace, se dice o se piensa positivamente, simplemente para disfrutar con la sensación de estar correctamente alineados con nosotros mismos

Nada hay más gratificante que hacer todo aquello que sabemos internamente que es bueno, sin esperar recompensa, y, a ser posible, sin que nadie más lo sepa. Actuar bien porque sí, sin ningún motivo y sin querer obtener nada con ello, es un derroche maravilloso que cualquiera se puede permitir.

Ésa es la verdadera conciencia de prosperidad, de abundancia, de totalidad. Hay una identificación con las corrientes de la vida, con la naturaleza, que es abundante y generosa siempre. ¿Escatima el árbol sus hojas? ¿Se plantea la cascada restringir su caudal de agua? ¿Le importa mucho a la primavera si su exuberancia es excesiva? ¿O acaso es mezquino un amanecer y deja de exhibir su colorido único e irrepetible, porque no haya nadie para verlo?

Nada hay que le haga sentirse a uno más rico que el dar y el hacer *porque sí*. Es la forma más exquisita de relacionarse con uno mismo y con los demás, porque es una actitud constructiva y generosa que lo incluye todo, desde lo material a lo más sutil.

Y hacerlo desde la actitud interna de la inocencia, sin quedarnos atascados en el esfuerzo —el esfuerzo siempre nace de la resistencia—, sin que nada nos obligue, sin que haya lugar para segundas intenciones.

Convendría preguntarse de vez en cuando si podemos hacer algo que no tenga una recompensa, y si queremos hacerlo *porque sí*, sin que apremie el aguijón de ninguna necesidad ni de ninguna urgencia. Afortunadamente, hay muchas personas a las que les gusta hacer algo agradable por los demás desde el anonimato.

Una contribución a la ecología interna

Cuando alguien mejora su talante individual, su calidad de vida interna, contribuye activamente a elevar el nivel de vibración de otras muchas personas que están en la misma banda de resonancia. El poder del Amor hace de canalizador y consolida cualquier aportación, por pequeña que sea, distribuyéndola entre todos. Cada acción encaminada el bien, tanto propio como ajeno, actúa como si instalásemos una pequeña depuradora en nuestro particular tramo del río; por ese río imaginario circulan las vidas de todos, y el agua se hace así un poco más limpia, un poco más pura.

Desde el anonimato se puede hacer una importante contribución para que aumenten las posibilidades de salir de este aparente callejón sin salida, y de atravesar nuestra fase más crítica a través del cuello del reloj de arena de la historia.

¿Ésta es una mala época? Pues bien, estamos aqui para hacerla mejor.

Si esa es la intención que alimentamos dentro de nosotros, no faltarán ocasiones para que se convierta en acciones.

Desde la certeza de que todos formamos parte de una unidad y de que la separación es una creencia, la confluencia no es sólo un gesto de buena voluntad, sino una acción eficaz que ayuda a instalarse en estos planos materiales al Amor. En realidad, le permite la entrada. Y es en este escenario nuestro, en el que nos movemos cotidianamente, donde debe ser «aterrizado», bajado e integrado el Amor. Una de sus señas de identidad es que une; es constructor y potenciador.

Muchos piensan que los seres humanos somos las células cerebrales del planeta; que éste es un ser vivo, y que ahora mismo a Gaia-Tierra le está creciendo un sistema nervioso. Estaríamos, entonces, en la fase de despertar, nacer y hacernos conscientes de que todos configuramos esta mente global. Darse cuenta de esto es algo muy parecido a lo que los místicos han llamado iluminación. Quizá, ahora sea el momento de que lo que ha supuesto una experiencia aislada en ciertas personas de alto nivel vibratorio se produzca en otras muchas, de forma colectiva y hasta simultánea.

La vida tiene una tendencia a hacer lo necesario para perpetuarse a sí misma. No es inmutable; el destino tiene mucha más fantasía que nosotros, que nos imaginamos que una vez metidos en unos raíles hemos de recorrerlos hasta el final.

Todo lo que se haga por el equilibrio y la armonía de nuestros propios ecosistemas personales repercute en el medio ambiente del planeta. Algunos naturalistas, incluso, mantienen que las alteraciones del clima puede relacionarse, analógicamente, con los estados de ánimo que emiten las mentes humanas.

El cáncer comienza porque unas células enloquecen. Así han definido informalmente los expertos el origen de esta enfermedad; a veces la locura de las células cancerígenas se detiene, cuando una sóla célula recobra la cordura y vuelve a desempeñar su función, retornando a su papel en el juego original: entonces es cuando los médicos hablan de curación de un proceso tumoral. No se sabe cómo ocurre, pero lo importante es que sucede.

La fuerza de la acción personal

Puede que la fuerza individual para cambiar el mundo sea mucho más eficaz de lo que pensamos. En el Universo operan sutiles leyes que apenas conocemos y que estamos comenzando a atisbar. La asignatura pendiente de todos nosotros, habitantes de un diminuto planeta situado en la esquina de una pequeña galaxia, es comenzar a comprender —y a activar— que existen fuerzas poderosas **encerradas dentro de nosotros mismos**, de las que no somos conscientes y que solamente esperan, para entrar en funcionamiento, el «levántate y anda» del Lázaro que despertó de nuevo a la vida.

Esto ocurre en ciertos individuos de forma aislada, y el desencadenante nunca es el mismo; pero se trata de hechos puntuales, aislados. Para que sucedan simultáneamente en un gran número de personas, seguramente tendrían que darse muchas y especiales circunstancias, entre ellas el que las piezas del delicado mecanismo cósmico que incluye a la Humanidad tengan que alinearse de una forma especial... pero todo esto pertenece a ese plan cósmico que, hoy por hoy, no podemos ni siquiera concebir. Aunque es posible que ciertas etapas cruciales de ese plan divino estén a punto de desarrollarse en nuestro tiempo.

El «porqué» y el «cuándo» no tienen respuesta desde nuestra limitada perspectiva; quizá tampoco el «cómo»... pero el «qué» o el «quién» sí que la tiene. Como piezas activas de ese juego trascendente, sólo tenemos que experimentar. Probar y comprobar los resultados. Y hacerlo dentro de nuestro radio normal y cotidiano de actuación, que es donde verdaderamente cobra sentido cada experimentación... aunque cada acción puede que repercuta hasta insospechadas dimensiones ultrahumanas.

La acción es ese «qué» y nosotros mismos somos el «quién».

La **fuerza de la acción individual** no es tan pequeña como parece. Sobre todo en tiempos especiales, cuando una pequeña brizna puede hacer variar el movimiento de los platillos de una balanza.

Esa fuerza de acción individual puede ser decisiva. Entra en contacto directo con el poder del Amor, y lo hace como un arroyo modesto que desemboca en el gran río, aumentando su caudal, fusionándose con él. Ahí es donde adquiere realmente su fuerza.

Del mismo modo que la desaparición de una especie de mariposas puede quebrar y alterar todo un ecosistema extendido en un radio de miles de kilómetros, y dejar sentir sus repercusiones en todo el equilibrio ecológico del planeta, así también la acción individual que lleva a cabo un solo francotirador del espíritu puede tener repercusiones inimaginadas. Aunque se sienta abrumado por su insignificancia, aunque experimente la impotencia de no poder hacer nada para remediar tanto sufrimiento, tanto desequilibrio, tanto injusto disparate. El «yo no puedo hacer nada» pertenece al panorama de las propias creencias, responde al hábito mental que nos han inculcado.

A la vida le importa bien poco todo esto. El Universo sigue, como la naturaleza, una ley de economía y de simplicidad, dentro de sus márgenes desbordantes. Nada se pierde, nada se desperdicia, todo entra en el ciclo, todo forma parte de la corriente de la vida. Todo se aprovecha, todo se recicla, todo se renueva, todo tiene su propio impacto sobre el Todo.

Si atendemos a las correspondencias analógicas, cada uno de nosotros es una pequeña parte de ese Todo; en un sistema holográfico se comprueba que en una de las partes está reproducido el todo.

Hologramas del Universo

Existe una precisa y exacta correspondencia entre lo más pequeño y lo más grande. Entre lo que está dentro y lo que se mueve fuera. Las microfotografías electrónicas nos permiten asomarnos, maravillados, a este mundo donde se evidencian las semejanzas: un grano de polen ampliado por el ojo mágico de un potente objetivo presenta curiosas semejanzas con un meteorito; unos milímetros de piel humana, ampliados, semejan un paisaje recóndito; un ácaro del polvo tiene el aspecto de un animal antediluviano; las formas y los movimientos de los más remotos cuerpos celestes recuerdan con precisión esas imágenes ampliadas donde se puede apreciar la apariencia y la actividad de las células, de los átomos.

Biología y cosmología son ramas del saber que muestran coincidencias sorprendentes, una vez las dimensiones de sus diversas manifestaciones de vida son pasadas por el rasero igualador de las sofisticadas lentes que aumentan o reducen esas proporciones incapaces de ser captadas por el ojo desnudo.Cuando lo pequeño se hace grande, se encuentran muchas cosas iguales; y a la inversa, cuando lo que se mueve en dimensiones cósmicas se reduce imaginariamente, seguimos encontrando muchos paralelismos.

Las conclusiones y las analogías que arrojan estos sistemas de correspondencias están hondamente arraigados en el inconsciente colectivo. No es nueva, ni mucho menos, la idea de que el ser humano es un *holograma del Universo;* quizá lo único novedoso sea el empleo del término «holográfico», una técnica fotográfica descubierta en 1947 que emplea la luz del láser y, ahora, también las ondas sonoras. Pero éste es un concepto antiquísimo, expresado de múltiples y diversas maneras, que se evidencia en las corrientes filosóficas de la Antigüedad y que aparece, como un destilado vital, en las enseñanzas de los grandes maestros.

Donde quizá adopte una forma más consistente y se transforme en cuerpo de doctrina y de práctica sea en la medicina china. Su modo de establecer estrechas y directas equivalencias entre el ser humano y la realidad que lo rodea trasciende el concepto de salud —que no es sólo ausencia de enfermedad— y se extiende hacia una forma global y analógica de entender la existencia, impregnando todo el pensamiento oriental.

En el conocimiento ancestral de la antigua China están contenidos los grandes arcanos de la vida; es el polo *yin* de nuestras raíces, al igual que en el antiguo Egipto radica el *yang* de una Humanidad cuyo recuerdo se ha perdido para las crónicas históricas, pero cuyas huellas indelebles permanecen en nuestra memoria genética.

El conjunto de todo este depósito ingente de sabiduría se está actualizado y se está insertando rápidamente en muchos cientos de miles de conciencias. Éste es un fenómeno que no puede circunscribirse al ámbito escaso y mediocre de las modas. Pertenece a una onda concéntrica de mayor envergadura, y no es casual que se manifieste, mayoritariamente y con tanta fuerza, en estos tiempos.

El principio holográfico está presente en la medicina china, que considera a cada ser humano un todo unificado de cuerpo, mente y espíritu, cuando expresa que «el todo se puede ver en cualquiera de sus partes».

El cuerpo humano es un microcosmos donde cada uno de sus sistemas y funciones vitales pueden correlacionarse con otras tantas manifestaciones de la vida en el exterior, en la naturaleza. Esta forma de ver la realidad ha calado hondo en Occidente en las últimas décadas, y ya no nos resulta extraño pensar que existe una analogía directa entre cada una de las partes de nuestro cuerpo y otros tantos elementos de la vida vegetal o mineral. La sangre que circula por nuestras venas equivale a los ríos que cruzan el cuerpo del planeta, los océanos son la macroequivalencia de esos líquidos internos que conforman el setenta y cinco por ciento de un cuerpo humano... Yendo de lo grande a lo pequeño, todos los sistemas de diágnóstico por reflejo, como pueden ser la iridoterapia, la reflexología o la auriculoterapia, también nos hablan de que en lo más pequeño está contenido lo más grande; la forma de la oreja recuerda a un feto invertido, los pies contienen un mapa preciso que conecta sus diversas zonas con otras tantas del cuerpo, el iris del ojo humano refleja todos y cada uno de los órganos físicos y su funcionamiento... Incluso las manos, según la ancestral creencia en la quiromancia, contienen el mapa completo no sólo de la salud física del organismo, sino también las líneas maestras que marcan su vida. En lo micro podemos ver lo macro, y en lo macro podemos ver lo micro. Lo mismo sucede con una imagen holográfica: cada parte iluminada por el láser permite reconstruir la imágen tridimensional completa del objeto original.

Cartografía del cuerpo y de la mente. Hologramas del Universo, contenidos en la humilde y a la vez sublime existencia de un solo ser humano. La memoria genética también está presente en nosotros, y así, cada persona contiene el chip condensado de lo que ha sido el desarrollo evolutivo de la Humanidad desde tiempos protohistóricos.

La realidad puede ser contemplada, gracias a estas raíces del pensamiento milenario que de alguna manera perviven en nuestro inconsciente, como un *continuum* de tiempo y espacio, donde una misteriosa y sensible sustancia lo interrelaciona todo, evidenciando conexiones insospechadas para la mente humana, acostumbrada a la idea de separación.

De la existencia real de estas conexiones surge una certeza dictada por la inteligencia del corazón, que nos aporta el convencimiento de que el cambio es posible, y de que la transformación orientada hacia la luz que experimente un sólo ser humano es la punta de una flecha dirigida al blanco que, por su propia fuerza, puede abrir camino para otras muchas flechas.

De hecho, cualquier acción indidual *consciente* tiene una repercusión incalculable, que instantáneamente se refleja en los registros cósmicos y en los otros seres.

Pensar con el corazón

Uno mismo puede cambiar el mundo. Parece una afirmación disparatada, y ciertamente lo es... si se considera bajo los parámetros de la racionalidad secuencial. Pero, a la luz de la inteligencia del corazón, todo varía, como varía para los físicos la visión de la realidad cuando entran en el mundo subatómico.

Uno puede cambiar el mundo cambiándose a sí mismo.

Cada persona es la representación virtual de la Humanidad entera. Y cuando una persona amplía sus niveles de conciencia y se funde en la luz, todas las demás personas son alcanzadas por esos destellos encarnados en un solo ser humano.

De alguna manera desconocida, este cambio «impacta» en la sustancia viva de la que todos participamos, y en aquellos que están lo suficientemente despiertos, la puerta hacia el cambio se puede abrir.

No hace falta intentar entender cómo y por qué se produce el proceso. Sólo hay que probarlo, teniendo muy en cuenta que la mente suele jugarnos malas pasadas, y cuanto más nos planteamos cambiar, más resistencias se generan. Cuanto más se piensa acerca de ello, más se traba y se enmaraña la posibilidad de que se realice.

El cambio real sólo puede producirse cuando no hay expectativas, cuando no nos marcamos etapas que cumplir, cuando no se busca provocarlo. Es un proceso parecido al vuelo de un pájaro. El ave no entiende los mecanismos del vuelo, pero vuela. Está en su naturaleza volar, de igual manera que está en la naturaleza del ser humano alcanzar la luz.

Jamás nadie aprenderá a montar en bicicleta si se para a pensar en todos y cada uno de los movimientos que tiene que realizar para darle a los pedales, mantenerse en equilibrio sobre las dos ruedas, orientar adecuadamente el manillar, afianzarse sobre el sillín y, por fin, comenzar a rodar. Por eso es tan importante desaprender, porque deja abierto el hueco a la posibilidad de que la transformación tenga lugar en nuestro interior.

Simplemente, debemos abrir nuestro corazón, desear que el cambio se produzca sin buscarlo, y permitir que la transformación se produzca cuando la vida lo considere oportuno.

Al pez nadie le explica cómo tiene que nadar, ni al pájaro cómo volar. Cuando llega el momento, se lanzan al agua y al aire y su propia naturaleza hace el resto.

Quizá, para todos nosotros, se trate de recuperar ese conocimiento perdido, esas capacidades presentes en nuestra naturaleza; quizá todo sea cuestión de salir del letargo, del sueño oscuro que nos impide soltarnos, seguros y confiados, en la red tejida por el Amor. Sólo el poder del Amor puede traer la transformación del alma y ligarla sabiamente para que pueda venir la tranformación del mundo.

Tal vez sea ya el momento de lanzarnos a las corrientes luminosas de la vida.

Vivir la muerte

Una de las formas de desaprender, de poner en práctica *la estrategia del porque sí,* y de mantener el equilibrio sobre la bici del espíritu, es vivir la muerte como compañera, incluso aceptarla como a una vieja amiga que conocemos muy bien y cuyo trato nos puede enriquecer más que si decidimos asustarnos con ella o ponernos una venda en los ojos para no verla.

El adulto-niño (todos nosotros, ahora mismo) que se reeduca a sí mismo y se entrena en la actitud interior correcta, debe acercar también la idea de la muerte, y desempolvar todos los adornos siniestros que la cultura le ha ido colocando a lo largo de los siglos.

La vida es un don precioso, pero no existiría si no existiera la muerte. De hecho, parte de la sabiduría de vivir estriba en ser capaz de equilibrar dos tensiones aparentemente opuestas: la primera, desear aprender y comprender, como si fuéramos a vivir toda la vida. Y la segunda, conducirnos diariamente como si fuéramos a morir mañana.

Caso práctico: si ahora mismo nos dijeran que nos quedan diez minutos de vida exactamente, ¿qué crees que pasaría? Seguramente todas las líneas telefónicas del mundo se verían bloqueadas, porque cada uno correría al teléfono más próximo para decirle a unas cuantas personas «te quiero mucho». ¿Por qué esperar para hacerlo?

Sabemos, por la psicología transpersonal, que a medida que el individuo se acerca a su nacimiento real o espiritual, lo vivencia como una muerte. La experiencia próxima, esa que hemos venido denominando «salto evolutivo», puede que incluya el que muchos experimenten una muerte a nivel psíquico... para renacer en otras dimensiones, a otra realidad mucho más plena.

Los ritos iniciáticos de la Antigüedad, que todavía perviven en ciertas órdenes, incluyen en sus rituales las ceremonias de muerte aparente. Toda una representación simbólica de los estados internos por donde tiene que pasar el iniciado, que «muere» a su vieja personalidad para renacer a una nueva identidad, a una nueva vida.

¿Por qué no nos entrenamos con lo que tenemos a nuestro alcance? Cada cual es muy libre de hacer lo que quiera, pero si a ti, lector de a pie, no te resuena la idea de engrosar las filas de ninguna organización esotérica, recuerda que también tú mismo puedes jugar a morir, en el sentido más sagrado.

Te pierdes, eso sí, el ambiente especial, y la fascinación hipnótica que se desarrolla entre todos los miembros del grupo, pero quizá ganes en otras cosas, como la libertad de jugar tu propio juego sin dejar opción a que nadie pueda manipular las reglas y sucumba a la tentación de querer incrementar su poder personal con la conocida muletilla del «yo sé y tu no, por tanto sométete a todo lo que yo te diga».

El auténtico esoterismo no puede ser escrito ni dicho, ni, por tanto, puede ser traicionado. No está guardado en ninguna caja fuerte, pero, sin embargo, cuenta con el código de seguridad más eficaz y más sencillo que se conoce: nadie lo puede enseñar porque el acceso sólo es real cuando uno mismo está preparado para captarlo. Esto sólo se produce cuando la persona está en su momento maduro, después de haber librado mil y una batallas contra su parte más densa y oscura.

La figura del maestro real es un atajo en el camino de muchos buscadores; pero éste es un raro encuentro, aunque todos los «discípulos» estén convencidos de que su guía o mentor es un maestro auténtico, que acompaña por el camino de la luz, sin dejar que su personalidad intervenga. En cualquier caso, siempre conviene recordar que el esoterismo no se puede enseñar, y que quien llega a etapas de iluminación es únicamente por su propia luz interior; si una persona es capaz de despertarla y de ayudar a recorrer el camino, será un maestro, pero esa lectura directa de los secretos esotéricos, que está presente en todas las enseñanzas, sólo la podrá hacer uno mismo; nadie puede ocupar su lugar.

Sólo se encuentra el Espíritu con el Espíritu, y el esoterismo es el aspecto espiritual del mundo, inaccesible para la inteligencia cerebral, como dice René Schwaller, uno de los buscadores espirituales más coherentes de este siglo. Este pensador también afirmaba que existe en el hombre una inteligencia innata que le permite trascender su limitación animal y le encamina hacia el Hombre Divino, en un despertar del principio original que dormita en cada ser humano.

Hacemos hincapié en la trascendencia del juego; en la necesidad de recuperar el auténtico manual de las reglas divinas.

Esas claves están impresas en nosotros; todas las fuentes originales, todas las grandes tradiciones así lo confirman.

El lugar escogido por Dios para guardar el secreto es precisamente ese en el que no se suele mirar: el corazón de cada hombre, de cada mujer. El corazón de las personas.

La inteligencia del corazón debe ser despertada; la facultad de escuchar el instinto transhumano que está en nosotros y de traducirlo con la inteligencia cerebral es lo que llamamos «intuición sagrada». Éste es el territorio interno donde se desarrolla la inteligencia del corazón.

Volver a nacer

Para este entrenamiento personal que proponemos, como preparación para el momento del parto colectivo, es necesario dar marcha atrás con el botón que rebobina. Para volver a nacer, primero hay que llegar a la infancia. Ya hemos dicho en capítulos anteriores que no es un retorno secuencial, ni mucho menos lineal; se trata de conjugar en algún punto interno el niño que fuimos con el adulto que somos.

El que desee sumergirse en rituales esotéricos rodeados del halo del misterio, ni siquiera tiene que molestarse en seguir leyendo. Todo lo que aquí se propone es común y corriente, forma parte de la vida misma, cotidiana y sin dramatizaciones. Es la humilde sugerencia de quien no pertenece a ninguna escuela, ni da por sentado nada, ni acepta como la única verdadera tal o cual doctrina o enseñanza. El sincretismo y el amor a la libertad tiene el precio que todo francotirador tiene que pagar desde la soledad, pero también tiene la recompensa de comprobar y de experimentar por uno mismo, lo que permite extraer pocas pero sustanciosas conclusiones; entre ellas, que lo sencillo es extraordinariamente eficaz, y que cada cual se encuentra en su propio punto evolutivo, y que es desde ahí donde necesariamente ha de producirse la transformación.

Y todo esto sin haber entrado en contacto con ningún ser extraterrestre, ni ser el elegido por ninguna entidad espiritual de alto grado, ni haber visitado las ciudades etéricas, ni estar dotado de poderes especiales. Al que le gusten estos ambientes tiene muchas opciones donde elegir.

A los que sientan otro tipo de resonancia interna, recordarles que, para volver a ser niños, hay muchos senderos por los que aventurarse. Para volver a nacer, también, pero el tramo inexcusable es el de jugar a ser niño, siendo mayor.

Para ponerlo en práctica, unas cuantas sugerencias que comienzan quitándonos voluntariamente la máscara de la madurez y todo lo que ésta conlleva: las dobles intenciones, la distancia entre el decir y el pensar, la adoración al becerro de oro de nuestra imagen, la compulsión por mantener la posición a toda costa (y no sólo la económica, sino también aquella que nos permite ejercer el poder en determinadas parcelas), etc. Que cada cual se analice y busque dónde están las

vigas maestras que sustentan la máscara de su personalidad.

Nadie mejor que uno mismo para reconocer el
lugar preciso en el que se encuentran las tuercas que
hay que aflojar para que se desmorone la férrea
estructura que hemos ido construyendo con el paso
de los años.

Según la mitología, en alguna parte de la Tierra hay
un manantial de la eterna juventud. Pero es absurdo
buscarlo en cualquier cosa ajena a nosotros. Ciertas
prácticas tienen un evidente impacto psicológico,
pero, si no quieres dar tantas vueltas, existen muy
cerca de ti muchos caminos que te pueden llevar a
esa fuente; nombramos cuatro de ellos, los más accesibles y comunes:

RISA

Al niño que todos llevamos dentro le gusta reír; lo
hacen todos los niños, simplemente porque se sienten
contentos.

Cuando una persona se funde con el poder del
Amor, el Universo entero se estremece de alegría.

El adulto que sólo practica la risa sorda e irónica, o
el gesto socarrón, está demasiado de vuelta de todo
como para llegar a ninguna parte, como decía Machado.
Si crees que tienes demasiadas preocupaciones como
para permitirte la risa, pregúntate de vez en cuando:
«¿Me podré reír de esto mañana?» Si es así, trata de
reírte ahora. ¿Para qué esperar?

Si te sientes ofendido por lo que consideras un
grave insulto, recuerda que la única manera de responder con dignidad es hacer caso omiso de él. Si no
puedes hacer esto, trata de superarlo. Si no puedes
superarlo, ríete del insulto. Si tampoco puedes reírte
de él, quizá sea que lo mereces. No estás preparado

para generar endorfinas, así es que vigila tu salud, la del cuerpo y la de la mente.

CREATIVIDAD

Es el sustrato del que se nutre la fantasía, la poesía, la música y todo lo que se conecte con la quintaesencia de la imaginación. La creatividad nace de la inteligencia del corazón, ese talento innato en todos, aunque sólo los creadores lo desarrollan en profundidad.

¿Recuerdas cuando, de niño, una ramita de árbol se convertía en una varita mágica y un palo de escoba en un espléndido alazán blanco? Volver a ser niños es hacerse tan pequeño que los duendes pueden venir a susurrarnos en los oídos. Emplear el depósito de creatividad que es el tesoro oculto en toda persona, es convertir ratones en corceles, transformar calabazas en carrozas; es activar la capacidad de transformar lo ruin en sublime, la nada en todo, pues cada niño lleva en su corazón su propia hada madrina.

La imaginación al servicio del ego crea monstruos, como los sueños de la razón que pintaba Goya; la imaginación conectada con el alma recrea la belleza del juego divino. Por eso todos los grandes creadores experimentan, alguna vez en su vida, la certeza de ser co-creadores con Dios.

Creatividad es un talento que tiene mucho que ver con la inteligencia emocional, ese concepto que están desempolvando ahora, para su estudio, los investigadores del cerebro y de la conducta humana, y que han «redescubierto» de las grandes tradiciones orientales. De esa fuente surgen precisamente las enseñanzas dirigidas a aumentar la autoconciencia, como la *atención plena,* habilidad emocional fundamental sobre las que se construyen otras, como el control de las emociones, la capacidad de sintonizar con los sentimientos de los otros, o la capacidad de estimularnos a nosotros mismos y no permitir que seamos nuestro peor enemigo, bloqueando y obstaculizando nuestros recursos.

ESPONTANEIDAD

Los adultos son expertos en ahogar la espontaneidad, en ellos y en los demás. La temen porque no les permite actuar con dobles intenciones, porque les desbarata los planes, porque les desmonta sus propias construcciones mentales y la ilusión de «controlarlo» todo.

Cada vez que uno se encuentre respondiendo: «Lo siento, no puedo», por favor, piénsalo otra vez. ¿Qué pasaría si dices: «Vale, ahora mismo»? Quizá hayas olvidado lo que se siente. Pruébalo algunas veces. Puede que te sorprendas.

Atar los cabos de todas las cosas, pensando que podemos imponernos al fluir de la vida, es bastante estúpido. Recuerda que la vida es lo que nos sucede cuando habíamos hecho otros planes.

Perder el tiempo en querer controlar todo es un gasto de energía, que a la larga se demuestra inútil. Y la balanza de la vida siempre se inclina por los frutos, nunca apoya lo estéril.

La curiosidad es un rasgo muy unido a la espontaneidad. No dar nunca nada por sentado y estar abierto a todas las posibilidades se asocia con una sana curiosidad que nos lleva a interesarnos por todo lo que nos rodea.

ACEPTACIÓN

Cuando un niño llega a este mundo, no se plantea que pueda ser otra cosa que lo que es. Se acepta a sí mismo y acepta todo lo que le rodea de manera espontánea. No ha tenido tiempo de elaborar «imágenes» de ningún tipo, ni la educación ha comenzado a cortarle las alas.

Cuando empieza a «aprender» es cuando surgen los problemas. Ha comenzado a tener una idea estricta de «cómo deben ser las cosas», y todo lo que no se ajusta a ese patrón recién instalado es rechazado, a veces con furia, a veces a través de la frustración y el sufrimiento.

Las expectativas, las exigencias o las creencias, son una sucesión de imágenes mentales que en algún momento arraigaron como una mala hierba en la pizarra en blanco de la mente del niño que comenzó a ser adiestrado por la educación. Nos alejan de la serena actitud de la aceptación consciente, imposibilitando el encuentro real con uno mismo y el desarrollo de todas las capacidades.

Hay personas que se niegan a aceptar un modelo distinto de vida al que ellos mismos han creado en su mente, y se pasan la vida intentando escalar montañas imaginarias. Mueren al pie de las mismas, maldiciendo dificultades que no existen.

Quizá estos cuatro caminos (risa, creatividad, espontaneidad y aceptación) te pueden llevar a encontrar al niño perdido que llevas dentro. Y si consigues volver a captar esa esencia infantil, estarás en el camino correcto para hallar la paz dentro de ti mismo, y de renovar la fuente de la eterna juventud que brota, incesante e inagotable, desde tu corazón.

Grandes pequeñeces insignificantes

La experiencia mística del renacer, se produzca como se produzca y por las causas que sean, pertenece a los circuitos íntimos de cada uno y no se puede abordar con palabras que generalizan lo que siempre es una vivencia inefable, única y personal.

Por tanto, desde aquí sólo desear intensamente que cada uno pueda abordar el volver a nacer en vida, y que lo disfrute como una de las más grandes jugadas que ofrece el tablero multidimensional donde se mueven las fuerzas de la vida y de la luz.

Aportamos unos pequeños apuntes, como modesta siembra para dejar crecer a la espera del momento apropiado. Son tan sólo unas reflexiones, que tal vez puedan ayudar a romper las rutinas del pensamiento, a incorporar las semillas de nuevos frutos. Como siempre, dentro de lo más inmediato y cotidiano. Por ejemplo, ¿por qué no pensar lo que harías si te dieran la oportunidad, ahora mismo, de volver a vivir, de pasar página borrando todo el pasado? Las respuestas brotan, por supuesto, de lo que mejor conocemos, de lo más inmediato. Pero puede que sirvan también para lo desconocido que nos aguarda, en tanto que nos ayudan a mantenernos despiertos y nos inclinan hacia una flexibilidad natural que actúa como un excelente disolvente de posturas y conductas rígidas.

La propuesta es que cada cual elabore su lista personal, aprovechando ese espacio en blanco que está al final de cada capítulo y que se encabeza con el título de «Notas personales».

Como el ejercicio es privado y nadie va a evaluarlo, cada uno puede expresar, con la garantía de la intimidad, todo aquello que espontáneamente le surja, sin preocuparse de que sea trascendente o intrascendente. Nadie valora, nadie juzga, nadie etiqueta.

Muchas de las personas a las que se les planteó la siguiente pregunta: «Si volvieras a nacer ahora, ¿qué cambiarías de tu vida?», respondieron, mayoritariamente, que no cambiarían nada. Se les repitió de nuevo la pregunta, haciendo hincapié en que se fijaran en las pequeñas cosas de su vida, en lo más insignificante. Después de reflexionar un momento, empezaron a decir, entre otras, todas estas cosas.

—Hablaría menos y escucharía más.

—Encendería la vela en forma de rosa que guardo en el cajón, a la espera de una ocasión especial. Estrenaría todas las cosas nuevas, y cocinaría platos especiales en días corrientes.

—Emplearía mi imaginación a fondo, y disfrutaría yendo al trabajo por un camino distinto al habitual; me pasaría toda una noche sin dormir, a solas. Enseñaría a algún niño lo que sé hacer mejor. Practicaría el perdón más a menudo.

—Dedicaría más tiempo a escuchar pacientemente a los ancianos. Me iría de vacaciones a algún lugar donde no lleguen las agencias turísticas.

—Me pondría a escuchar música de Mozart durante horas seguidas. Saldría a la calle para contar todas las personas rubias de ojos oscuros con las que me tropezase. Me suscribiría al periódico de otra ciudad, o de otro país. Observaría a todos los pájaros que se detienen en los árboles del parque.

—Haría una lista de mis sueños imposibles, y, entre todos, encontraría uno que pudiera realizar mañana mismo.

Éstas son unas cuantas pinceladas lúdicas de lo que harían algunos si volvieran a nacer y pudieran cambiar pequeñas cosas de su vida. Es un cuestionario real, que incluye también cosas tan dispares como comer más helados, mancharse la ropa jugando con los niños sobre la hierba, decir más a menudo «te quiero», y «lo siento»... En fin, cosas sencillas que nos ayudan a saltar fuera de nuestra madriguera y a saborear la vida con más intensidad.

Cada minuto es algo nuevo, una porción de vida sin estrenar; ¿por qué no probar a hacer esas cosas distintas que te saquen de la rutina, ya que estás vivo ahora y tienes la oportunidad abierta para hacerlo?

Se trata de sacudir un poco la cabeza a un lado y a otro, y ver lo que hay, además de la estrecha franja lineal que nos permite observar nuestras orejeras. De darnos la oportunidad de disfrutar de tantas y tantas cosas que nos pasan desapercibidas por estar demasiado hipnotizados. Cada vez que se rompen los automatismos, que se disuelve una rutina, dejamos la ventana entreabierta para que pueda penetrar la fragancia de la vida, recordándonos que está ahí, lista para ser experimentada.

Cualquier parcela de libertad interior que se recobre, por mínima que sea, puede ser el comienzo de un gran camino. Ya sabemos que cualquier distancia, por grande que sea, comienza siempre por un solo paso. Y que no hay que buscar el camino lejos, porque siempre está a nuestros pies, dondequiera que nos encontremos. Incluso dentro de una cárcel hay posibilidades de liberarse, porque se puede aprisionar el cuerpo, pero no el alma.

No siempre son los demás los que nos esclavizan. A veces permitimos que nos esclaviquen las circunstancias; otras veces dejamos que la rutina nos esclavice. En ocasiones son las cosas que se pueden comprar con dinero lo que nos mantiene esclavizados; otras son las emociones y los sentimientos confusos los que nos mantienen atados; pero casi siempre, por falta de perspectiva, nos esclavizamos nosotros mismos.

Ésa es la peor cárcel. De Confucio es la siguiente reflexión, que nos ayuda a comprender que sólo uno mismo tiene la llave para liberarse de sus prisiones internas: «Ahora que has roto la pared con tu cabeza, ¿qué harás en la celda vecina?» Este impactante pensamiento nos trae el recuerdo del albañil desmemoriado, que citábamos en páginas anteriores.

NOTAS PERSONALES

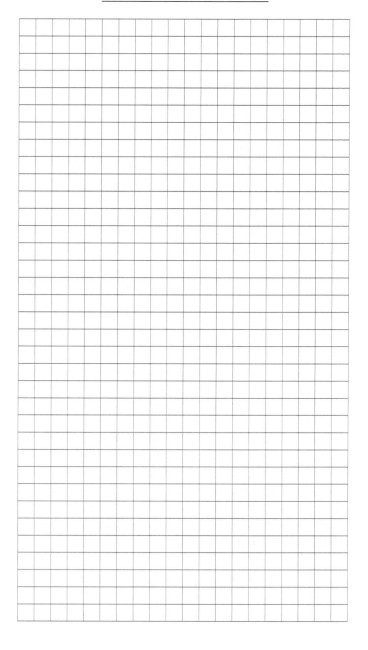

La Cruz
Cósmica
del Amor

7

EL tablero de nuestro juego vital tiene la forma de una cruz en movimiento.

Hemos escogido esta figura para representar simbólicamente nuestro propio espacio de vida, formado por los vectores *tiempo* y *espacio* que se entrecruzan, igual que los dos trazos de esa cruz imaginaria en la que podemos vernos representados.

A partir de dos movimientos, el horizontal y el vertical, se crea esta figura, esta onda de forma que evoca conocimientos sagrados, realidades cósmicas.

En el centro, siempre, está el jugador, creando la dinámica de su propio juego.

En ese punto de intersección es donde se cristaliza y materializa todo; este centro contiene la densificación de los diversos planos energéticos hasta llegar a la materia, y, a la vez, la semilla de inmortalidad que se encierra en ella.

En ese cruce central está uno mismo, porque **es** uno mismo; contiene lo que somos, lo que fuimos, y lo que seremos. Recoge todo lo que está impreso en la naturaleza humana: lo humano y lo divino.

El centro de la cruz es concreto y material, y a la vez se funde con lo cósmico. Va de lo denso a lo sutil, y de la energía pura desciende hasta el mundo manifestado, hasta los tres reinos de la naturaleza que todo ser humano tiene impresos en su existencia. Participamos de la naturaleza mineral, vegetal y animal, pero también participamos de esa naturaleza divina que comienza a desvelarse en nosotros.

En el símbolo de la cruz, en ese centro donde se produce el contacto, está contenida la memoria de Dios y el recuerdo de uno mismo; se desgrana en un infinito arpegio de notas celestes que rozan la divinidad y, al mismo tiempo, hunden sus raíces en su manifestación más densa.

Es el movimiento sin movimiento, el sonido sin voz, el espacio sin tiempo. Es el *sí-mismo* eterno, y a la vez, es todas y cada una de las representaciones que nos ha tocado vivir a lo largo de eones.

Este tablero imaginario en forma de cruz, además de representarnos a nosotros mismos en tanto que seres formados por una naturaleza física y corporal, pero también mental y espiritual, también permite desarrollar en su superficie un número inimaginable de movimientos y jugadas, de avances y de retrocesos: justo lo mismo que hace cualquier persona a lo largo de su vida.

Con la conciencia del juego divino, con la intención de hacernos conscientes de él, y con los deseos de empezar a participar activamente en nuestro propio juego vital, vamos a explorar juntos, a través de estás páginas, algunos de los movimientos nuevos que virtualmente están incorporados y contenidos en las reglas del juego, pero que en escasísimas ocasiones hemos experimentado, quizá por estar demasiado adormecidos durante milenios, pivotando en el círculo cerrado de lo material y del mundo de las apariencias. Se trata de salir de este estado sonambúlico, hipnotizado, para encontrar el sabor y la hondura de este juego, y el trazado de la cruz puede que nos ayude a entrar en una fase más profunda, en esa etapa nueva donde la intuición nos señala como un espacio interno que empezamos a descubrir.

La cruz, por tanto, es nuestra manera de representarnos a nosotros mismos y a nuestra vida; porque en ella, además, está contenida esa línea imaginaria que va del nacimiento a la muerte y todas las experiencias, todos los movimientos, todo el registro casi infinito de percepciones, pensamientos y acciones de las que es protagonista cualquier persona.

Si la cruz es la forma, el Amor es la sustancia.

Envolturas energéticas

En cuanto forma, el sencillo símbolo de la cruz es la manera más aproximada de denominar al conjunto energético que es una persona, vistos con los ojos de quien puede contemplar la realidad de lo que somos, más allá de las apariencias materiales.

Todo el mundo ha oído hablar del aura, de los cuerpos sutiles y de los centros de energía que están distribuidos a lo largo de la geografía humana y que reciben el nombre de chakras. Se han divulgado muchas inexactitudes al respecto, pero no importa demasiado.

Lo que importa es que, debajo de tanta hojarasca inútil, se está instalando la conciencia de que el ser humano tiene una forma energética más allá de lo que vemos a ojo desnudo. Algo que no es nuevo, que ya está dicho, como todas las verdades fundamentales formuladas desde tiempos remotos.

Al igual que con la forma humana, lo mismo sucede con el firmamento que podemos contemplar; lo que la investigación científica descubre cada día poco o nada tiene que ver con lo que se puede ver desde nuestra reducida perspectiva. Para algunos, las estrellas eran agujeritos en el manto negro celeste que permitían la entrada de la luz. Para otros, se trataba de pequeños focos luminosos, como piedras preciosas extendidas sobre el terciopelo negro de la noche. A lo largo de los siglos se han empleado muchas imágenes poéticas para describir cómo son las estrellas, hasta que la investigación espacial nos ha ofrecido imágenes virtuales de su forma real. Pero no hay telescopios espaciales ni microfotografías electrónicas que nos permitan ver con precisión la verdadera estructura del ser humano. La ciencia, todavía, está orientada hacia otros intereses y poco o nada le interesan los cuerpos sutiles que se entrecruzan en torno a la realidad física del cuerpo de una persona.

A lo máximo que se ha llegado es a unas rudimentarias cámaras fotográficas, inventadas hace casi más de medio siglo y que reciben el nombre de Kirlian, que nos ofrecen unas imágenes un tanto toscas de esos compuestos etéricos que rodean a cualquier ser vivo, y que son traducidos a colores. Pero desgraciadamente la investigación se ha quedado ahí atascada.

No obstante, esta configuración real de lo que es un ser humano ha sido descrita por aquellos capaces de ver, en una octava superior, más allá del registro ordinario del ojo humano.

Nuestra imagen en otras dimensiones

Nosotros mismos tenemos una imagen concreta que puede ser vista por el que tiene acceso a otras dimensiones de la visión interna. Esta imagen de lo que somos se traduce en volúmenes y colores, y si la descripción no abarca la música, es porque ésta no puede ser abordada con palabras, pero también el sonido está presente. Todo son ondas de forma, espacios de resonancia, vacíos y plenitudes sutiles que recuerdan la forma de la cruz, y quizá por ello esta forma está presente desde tiempos prehistóricos, condensando y sintetizando en lo más sencillo todo lo más complejo.

Según estas descripciones de quienes pueden ver al ser humano desde un plano energético, éste es como una cruz luminosa, rodeada de una sutilísima esfera ovoide. El centro de esta cruz, el punto de intersección de sus dos brazos, se correspondería con el corazón humano.

Nuestra forma energética es la cruz, configurada por cuatro dimensiones luminosas. La sustancia de la que está compuesta es el Amor.

Como dice Ibn Arabi: «Del Amor hemos nacido. Según el Amor hemos sido hechos. Hacia el Amor tendemos. Al Amor nos entregamos.»

El Amor, ya sabemos, es la fuerza integradora que mantiene unidos los Universos, que cohesiona los átomos de nuestro universo interior, que une, integra y multiplica. Mantiene vivo el hálito de la vida real y guarda la promesa de que, llegado el tiempo nuestro, recuperaremos nuestra naturaleza de seres estelares, emprendiendo el camino de regreso, el retorno al hogar, cumplido ya nuestro cometido de llenarnos de experimentación y de vivencias sobre la materia.

Quizá sea éste el auténtico sentido de aquel «toma tu cruz y sígueme». Asociamos la cruz con el sacrificio, el castigo y el sufrimiento, que sólo puede deleitar a un dios primario que gusta del néctar de la sangre. Este dios quizá sea el reflejo de esas partes oscuras que todavía pertenecen a la naturaleza humana, lastrando con su peso denso las posibilidades de evolución.

Cada cual escoge a su propio dios; durante muchos siglos el dios vengador, el del castigo y el del dolor, ha sido el prototipo más acorde con las pulsiones humanas puestas en juego. La definición más simple de Dios es que es Luz y Amor. Cada vez son más los que sienten la íntima resonancia que evocan estas dos palabras.

Desde esta perspectiva, el «toma tu cruz y sígueme», adquiere un nuevo significado: se corresponde con la fase más trascendental de nuestro proceso interno. Ésa en la que ya podemos recuperar lo que somos realmente, lo que de auténtico hay en nuestra naturaleza. Tomar la cruz, pues, sería asumir lo que somos en verdad para seguir el camino que nos fue preparado hace dos mil años. «El Verbo de Dios se hizo hombre para que aprendiéramos de un hombre cómo el hombre puede volverse Dios», dijo Clemente de Alejandría (215 d. C.). Hacia ahí nos dirigimos. Tal vez éste sea el sentido último de la vida humana.

Poco a poco iremos descubriendo, conjuntamente, alguna de las jugadas maestras sobre nuestra propia cruz cósmica del Amor. No hay prisa, y por ello nos detenemos en algunas consideraciones previas, necesarias para calar más hondo en la propia evocación personal.

No estamos solos

Nuestro tablero no es el único, ni las reglas de nuestro juego están aisladas de otros muchos que se vienen desarrollando en paralelo con la existencia del ser humano.

Juego y jugador son lo mismo; aunque el juego se pueda multiplicar en proporciones astronómicas que ninguna calculadora humana sea capaz de recoger porque el número de jugadores y de movimientos sea inconmensurable, siempre se trata del mismo juego, protagonizado por los integrantes de lo que entendemos como Humanidad.

Pero, además, no estamos solos; sabemos que hay otras formas, otros tableros, otras sustancias. Nos acompañan otros seres, arriba y abajo de nuestra escala evolutiva, que participan con nosotros de ese diseño del Creador que alberga todo lo manifestado y también lo inmanifestado. Hay presencias de otras dimensiones que siguen el recorrido humano desde que el mundo es mundo. Existen seres que están con nosotros y que provienen de distintos orígenes. En su pasaporte cósmico figuran múltiples procedencias, y algunos están interesados en ayudar a que la Humanidad avance por su camino hacia las estrellas, y otros justamente en lo contrario. Pero no nos quedemos embobados especulando acerca de ellos; todas las historias entretejidas a su alrededor no han reportado ni una sola conclusión válida para el progreso humano; al contrario, cada vez que alguien se embarca en esos sinuosos caminos, convencido de su papel de enlace o de traductor entre estos seres y los demás humanos, acaba perdiendo el rumbo de la ruta.

Aunque la buena voluntad guíe sus comienzos, pronto su papel de «enlace fundamental» hace saltar determinados resortes en su personalidad, que siempre termina implicándose en el mensaje y haciéndolo cada vez más confuso. Esto no es una afirmación gratuita, sino que está respaldada por la observación puntual de ese patrón de conducta que se ha repetido en innumerables personas que irrumpen, cada vez más a menudo, en el panorama de los «iluminados portadores de mensajes de otros mundos». No es nuevo el fenómeno, no hay nada nuevo en los personajes, salvo sus nombres y sus distintos relatos, todos con el mismo denominador común. El guión de sus andanzas es un calco casi idéntico: primero se sienten portadores del fuego divino y, con su entusiasmo, logran contagiar a un numero reducido de personas que sienten la necesidad de ejercer su labor de apostolado para que el mensaje de su líder sea difundido y conocido. Despues, el líder pasa, como en los esquemas de todo relato, a la fase del desarrollo. Ahí, según la personalidad de cada uno, intervienen todo tipo de experiencias, reales o fabuladas, que aumentan la brecha de separación esquizoide con la realidad. Cada vez se engorda más la bola de nieve, hasta que llega el tiempo del desenlace: a más expectativas creadas entre los seguidores, mayor es el riesgo de caer en picado, envueltos en la trama de sus propias contradicciones.

Olvidan que son seres todavía en proceso de construcción; dan por hecho que ya están liberados, y entonces es cuando irrumpen con más fuerza todos los elementos de su propia sombra, que los catapultan hacia el desvarío.

Se saltan la primera regla del juego, que es la humildad auténtica, ese vacío interior que necesariamente ha de existir antes de pueda ser llenado, y compulsivamente se ponen ellos mismos a la tarea de escribir el argumento para poder seguir ofreciendo nuevos capítulos a sus seguidores. No recuerdan que el manual de instrucciones de todo ser humano indica que el trabajo debe ser realizado por cada persona, empezando por ellos mismos.

Misiones imposibles

Estos personajes, que son devorados casi siempre por las criaturas que ellos mismos crearon, tienen bastante que ver con otro colectivo, sin ninguna inquietud por lo espiritual, que pretende aferrarse con uñas y dientes a una forma de vivir equivocada. Antes muerto que perder la vida, como dice el dicho. Son los que pertenecen a esos círculos elitistas de millonarios asustados, y de poderosos que se creen inmortales, y que están detrás de la financiación de proyectos científicos encaminados a crear bases espaciales donde pueda perpetuarse la vida de los que pueden pagar el billete, una vez el planeta Tierra llegue a su punto de saturación y termine por hacerse inhabitable. Ahora mismo, científicos japoneses y norteamericanos están ultimando sus proyectos de crear bases terrestres en la Luna, y en algunos otros puntos de nuestro sistema solar, para que se conviertan en balnearios extraterrestres, en refugios espaciales para todos aquellos que tienen el suficiente dinero como para permitirse el lujo de seguir viviendo igual, una vez que el planeta levante el banderín del *stop,* y diga «hasta aquí llegamos». Lo que se busca es mantener un modelo de mundo basado en el *ego-ismo* y la perpetuación de los egos más poderosos. Se trata de exportarlo a otros lugares, sin reparar en el hecho de que precisamente ese mundo anti-mundo es lo que ha llevado al agotamiento y a la agonía a éste.

La salvación no se compra, ni nadie nos la puede vender.

Cada cual tiene que pagar su propio precio, tiene que poner en juego sus propias potencialidades, y tiene que *aprender a desaprender* para que la conexión con su parte espiritual se establezca. No hay verdadera salvación más allá de la que uno mismo se procura, y el trabajo se realiza en el día a día, con los materiales y las circunstancias que la vida nos dio. Nadie vendrá ya a salvarnos; ni siquiera Cristo: Él dejó la puerta abierta, pero el paso lo tenemos que dar todos y cada uno de nosotros.

Ya está bien de inventarnos muletas; algunos las buscan en la ciencia puesta a su servicio, otros en las fantasías que les ofrecen chucherías espirituales, y que aceptan gustosos como cualquier cosa de consumo fácil.

Antropología de la conciencia

Las soluciones no vienen nunca desde fuera, si previamente no están contenidas dentro. Nadie puede dar lo que no tiene. Las jugadas magistrales sobre el tablero de nuestra vida no pueden realizarse en el exterior si no han sido maduradas al calor que irradia el propio corazón. Nadie da duros a cuatro pesetas, y esta simpleza del mundo material se corresponde exactamente con otras dimensiones. Se pueden comprar los mejores y más caros alimentos, pero no hay dinero para comprar el apetito. Se puede comprar el tiempo de descanso y de ocio, pero no existe moneda para comprar el sueño y las ganas de dormir. Se pueden comprar sucedáneos de felicidad, pero la experiencia de ser feliz en un instante no es accesible al dinero. No se puede comprar nada de lo importante, y parece mentira que esta verdad tan elemental se hurte constantemente a nuestra conciencia. Es la ley del dar y del recibir. No se puede esperar recibir nada, si antes no se ha dado lo justo. Sea en el terreno que sea. Hay que invertir la sufiente cantidad de esfuerzo, y de atención antes de aspirar a recoger ningún fruto.

Esperar que un salvador nos saque las castañas del fuego gratuitamente es tan infantil como creer que un amuleto puede solucionar nuestros problemas. No se trata de proyectar en los otros nuestro modelo de creencias, sino en bucear en este patrón con el ánimo de separar el trigo de la paja, lo esencial de lo artificial.

La antropóloga Margaret Mead aconsejaba a los estudiantes que antes de ir a estudiar sobre el terreno cualquier cultura primitiva, debían prepararse en profundidad. Y no solamente desde un punto de vista teórico, sino que esta preparación tenía que ser fundamentalmente práctica. El estudiante debía enfrentarse a determinadas situaciones, ver qué le suscitaban, observar sus reacciones... y sacar sus propias conclusiones. Una forma de forjar su propio temple, de tomar conciencia de él; de manejar sus fisuras, de tomarle el pulso a sus contradicciones y a sus puntos personales de desequilibrio; así es también el entrenamiento en el arte de la guerrería espiritual. Algo ya propuesto en los relatos iniciáticos, cuyos protagonistas realizaban.

Cuando a Margaret Mead le pedían consejo para entrenarse antes de ir a visitar y convivir con alguna cultura primitiva, en lugar de contestar con el eterno cuento de «debes aprender la lengua aborigen» o «es necesario estudiar su literatura y sus relatos de tranmisión oral», decía lo siguiente:

—¿Te has preguntado alguna vez lo que sabes acerca de las crisis por las que puede pasar una persona en su vida? ¿Cómo reaccionas ante la violencia, las situaciones imprevistas, y hasta qué punto eres capaz de adaptarte a lo inesperado?

Antes de lanzarte a investigar una cultura primitiva, ¿por qué no pasas unas cuantas noches acompañando a un coche de policía en su ronda nocturna por los barrios más conflictivos de tu ciudad?

¿Sabes que tipo de reacciones surgen en ti cuando presencias una reyerta, cuando atiendes en los primeros momentos a la víctima de una violación, cuando se recoge el cuerpo todavía con vida de alguien que ha intentado suicidarse?

¿Has presenciado algún parto? ¿No? Entonces, para conocer mejor cómo nace la vida, ¿por qué no pruebas a ir a la maternidad más cercana?

Esta gran mujer lo tenía muy claro; lo mejor es conocer a fondo nuestra propia civilización, establecer contacto con sus zonas más oscuras (reflejo amplificado de los propios territorios personales sumidos en las tinieblas), y observarse a uno mismo inmerso en esa trama llena de pasiones y fuerzas contradictorias.

Sólo entonces, sólo a partir de ahí, puede uno empezar a plantearse el ir a entrometerse en otras culturas del mundo, en otras formas de ver la realidad.

Y esto es aplicable por igual a los magnates que, gracias a la tecnología, quieren pagarse el billete hacia otros lugares del espacio, como para todos aquellos que, sin base real, pretenden ser conductores de algunos para traspasar las fronteras sutiles de otras dimensiones.

El lema adoptado por Sócrates

Los que se creen elegidos para salvar a los otros, y los que buscan salvarse sólo a sí mismos y a su grupito de seguidores, desconocen o quieren ignorar lo más importante, lo que estuvo grabado desde hace muchos siglos en las piedras del templo dedicado a Apolo, en Delfos, y que ha pasado a formar parte de una grabación mucho más indeleble e imperecedera, incorporada ya en todas las conciencias, elijan o no darse cuenta de ello. Se trata del archisabido «conócete a ti mismo.» Un lema sencillo, como todas las grandes verdades, y que fue acuñado por uno de los Siete Sabios de Grecia seis siglos antes del nacimiento de Cristo. Esta frase fue adoptada después por Sócrates, que la tendría como lema personal, cosa que quizá nos vendría bien a todos nosotros.

Antes de entrar en contacto con otras formas de vida, ayudados por la ciencia o por la imaginación de algunos «salvadores», convendría revisar a fondo lo que somos y el equipaje de creencias que llevamos. Además, al hacerlo, se produce un contraste con la realidad de la experimentación en carne propia, que nos ayuda a depurarnos y a proseguir, más conscientemente, los pasos por nuestro tablero de juego.

Todo esto nos evita seguir con el «más de lo mismo», al que pretende mantenernos atado nuestro ego, que se mantiene en su ilusión de vida, entre otras cosas, porque comparte la repetición sistemática de las mismas necedades con otros muchos. Pero una estupidez repetida cientos de millones de veces no deja de ser una estupidez.

Nada cambia si no cambia el fondo. No ha cambiado nada la Humanidad, mientras siga matando por los mismos motivos que siempre; las ideologías cambian, las creencias varían con el tiempo, pero la acción es la misma. Y en el mismo nivel están los misiles ultrasónicos que las rudimentarias plataformas medievales construidas para arrojar piedras contra los enemigos: el fondo, la motivación, la intención que sigue moviendo estos actos es la misma: ganar al otro, implantar unas creencias y erradicar otras, destruir al enemigo, conquistar más tierras, más espacio, más riquezas, más ganancias. Per-petuar el ego, en una palabra.

Así no se puede seguir ningún camino de índole espiritual. Ni mucho menos esperar resultados que operen sobre nuestra naturaleza humana. Lo mismo da quién lo guíe y cuál sea su recorrido, por fantástico que éste se nos presente.

Ángeles, demonios, extraterrestres buenos o malos, elementales al servicio del humano, o malignos espíritus que traban su avance... la sabiduría mitológica recoge todas estas presencias, como acompañantes eternos del hombre en su caminar. No estamos solos, eso está claro, pero como siempre decimos, se trata de mirar dentro de uno mismo, de nuestra propia naturaleza, y no traspasar esta responsabilidad a nada ni a nadie, esperando ilusoriamente que la salvación nos la ofrezca en bandeja cualquier prestidigitador de guante blanco. Sea como sea la mano que nos la presente.

Geometría sagrada

Es preciso conocer quiénes somos y en qué parámetros nos estamos moviendo. Tal vez nos ayude la propuesta de considerar el transcurrir de nuestra vida como un tablero de juego en forma de cruz, estando nosotros mismos justo en el centro de ese signo... recordemos, jugador y juego son la misma cosa. Así, uno mismo también es una cruz de energía cósmica, que compone nuestro cuerpo sutil, alrededor del físico. Y con el zoom imaginario de una cámara que nos acerca cada vez más adentro de la misma imagen, en el centro justo del pecho (no desviado hacia la izquierda como está corazón físico), otra vez se repite el mismo signo. Ésta es una imagen concéntrica y móvil, que se repite y se amplía en distintas dimensiones.

Para ayudarte a imaginar y a visualizar la imagen que estamos proponiendo, fíjate en el siguiente dibujo.

Es un sencillo esquema, pero quien debe imprimirle la movilidad eres tú. Primero en tu mente, identificándote con esta forma, y después a lo largo de cada jornada, de cada momento en que te recuerdes y te visualices a ti mismo saltando de casilla al tomar una decisión, variando el rumbo lineal al avanzar en diagonal, como el alfil del ajedrez... o comiendo ficha del adversario, que no es más que una forma simbólica de vencer nuestras pasiones oscuras y ganar terreno para la luz de la conciencia. El adversario, por supuesto, siempre somos nosotros mismos: no establecemos una partida contra nada ni contra nadie, sino que pretendemos jugar a favor de nosotros mismos, poniéndole conciencia al juego de nuestra vida.

La visualización puede ayudarte a ser consciente de muchos aspectos sutiles de ti mismo. Primero se crea en la mente, después se hace realidad en lo concreto. Toda creación se hace dos veces: mentalmente primero, físicamente después.

Todo forma parte del gran juego cósmico, donde múltiples cosas suceden:

- las energías del Universo interactúan entre sí;
- la energía de los seres humanos es inseparable tanto de su entorno inmediato como de la energía del cosmos;
- la energía de la materia es básicamente idéntica a las formas energéticas que asociamos con la luz, el color, el movimiento, el sonido y las formas geométricas.

La arquitectura es música congelada, decía Goethe. La geometría nos recuerda la sagrada resonancia de la forma, del número, del sonido.

Las cosas materiales, todas las cosas materiales que nos rodean, incluido nuestro mismo cuerpo, son energía. Tienen una peculiar forma de expresión energética. Todas las cosas y los acontecimientos crecen y se desarrollan sin cesar, expresando el intercambio eterno que los orientales sintetizaron en la figura del yin y del yang... Muchas de nuestra suposiciones acerca del mundo que nos rodea tienden a fundamentarse, por un lado, en la idea de la existencia de materia inerte (rocas, metales, montañas, casas) y, por otro, en formas de energía (el relámpago, o el propio pensamiento). Esto no es más que una ilusión, que pertenece al sistema de creencias que damos por válido. Todo lo existente se parece mucho a lo que puede ser visto a través de un potente microscopio: un mundo en el que lo aparentemente sólido se disuelve en una danza de energías; un mundo cuyas caracteristicas esenciales se hallan en constante transformación, de una manifestación a otra, en que los flujos de energía interactúan. La física moderna ha demostrado que esto es así; materia y energía son, en esencia, lo mismo.

Tomando como punto de partida nuestro tablero de la Cruz Cósmica del Amor, se pueden reconstruir y sanar los hechos del pasado, se puede elegir lo que necesitamos del futuro, y es posible integrar todas estas proyecciones en el momento presente, en la cruz central de nuestro aquí y ahora, que siempre está en el centro de nuestro corazón esperando ser iluminada con la luz de la conciencia. Se decía antiguamente que el Sol nace a medianoche; la *Noche de Sol* es una evocación de esta realidad; afirma también la Tradición que Cristo nace cada medianoche; la luz se derrama sobre el punto más denso de la oscuridad, como un ave fénix que renace de sus cenizas, que transforma la muerte en vida, que nos invita a vivir en una promesa de luz renovada...

El secreto está en nosotros

Los tableros de todos los juegos son diagramas que buscan ordenar el mundo interno y situarlo en correcta alineación con las energías que interactúan en el Universo y en nosotros mismos. Quizá la figura del *I Ching*, literalmente *El Libro del Cambio*, o *Libro de las Mutaciones*, sea una de las aportaciones más magistrales que podamos encontrar a lo largo de la historia del pensamiento humano.

Dentro de un octógono, se encuentran los ocho trigramas-claves que rodean a la figura reprentativa del origen, del principio cósmico: el yin y el yang.

Cabe mencionar que los 64 hexagramas que lo componen son un sabio diseño que ordena y simplifica la abrumadora profusión de relaciones entre seres y acontecimientos. Las transformaciones de la energía pueden representarse de un modo sistemático, mediante esta antiquísima representación simbólica. Éste es el esquema del movimiento universal de las fuerzas, según el modo de aprehender la realidad de los chinos hace varios milenios:

A partir del círculo perfecto, que representa tanto la vacuidad como la totalidad, nacen el Yin y el Yang, que interactúan y crean dos hijos y dos hijas.

Cada uno de ellos crea, a su vez, otros dos más, dando lugar a los ocho trigramas fundamentales.

Estos ocho trigramas, o movimientos de las fuerzas de la energía, se multiplican hasta alcanzar los 64 hexagramas de los que se compone el *I Ching*.

Las transformaciones de la energía están representadas mediante este sencillo esquema.

Este compendio de observaciones meticulosas expresadas a través de una imagen impactante por su sencillez, constituye un manual complejo y exhaustivo, clave para la comprensión del flujo constante que crea y transforma continuamente el mundo en el que vivimos y la realidad interior que le da origen.

Las características del cambio —y sus formas resultantes— son el objeto de los ocho trigramas básicos. Un esquema aparentemente sencillo. Las reglas de este juego señalan que cada trigrama consta, como su propio nombre indica, de tres líneas. Pueden ser continuas o discontinuas; la línea discontinua representa la fuerza del Yin, el principio femenino, y la línea continua simboliza la fuerza del Yang, el principio masculino.

A partir de ahí, el mundo de las formas entra en juego, porque el Yin y el Yang no son compartimentos estancos ni separados, sino que *se convierten uno en otro de modo constante*. Sus combinaciones se hallan en un flujo de intercambio continuo.

La imagen de la Cruz Cósmica del Amor te puede ayudar a situarte en las coordenas vitales de quién eres y cómo puedes moverte por el entramado de tu vida desde unas perspectivas próximas y cotidinas, pero también trascendentes porque te devuelven la hondura de tus raíces celestes.

El esquema milenario del *I Ching,* pleno de sabiduría y de conocimiento ancestral, nos recuerda cómo se mueve la energía y nos conecta con la forma en que se generan todos los fenómenos en constantes transformación que conocemos. Aquí también se incluyen todas las situaciones por las que una persona puede atravesar en su vida.

Estas imágenes son formas de resonancia, concebidas para potenciar la capacidad de evocación interna. Los secretos no existen, pero es necesario una cierta capacidad interna para comprenderlos al margen de la razón; esta capacidad se puede estimular con la sugerencia, la metáfora, la poesía.

El problema no está en quién nos pueda dar la clave, sino en comprender que nosotros mismos somos los guardianes de la llave que abre todos los tesoros. Saber cómo encontrarla y cómo utilizarla, sí que es el auténtico secreto.

Más sobre el signo de la cruz

La cruz expresa la interpenetración de dos ámbitos contrapuestos, como los cielos o la tierra, o el tiempo y el espacio. Marca la encrucijada, el punto fructífero en el que se cruzan dos caminos. Cada vez que en nuestra vida nos encontramos en una encrucijada, nos sentimos indecisos, desconcertados, sin saber muy bien por dónde tirar o qué decisión tomar. Todas las veces que esto sucede, la vida nos hace una llamada de atención, una invitación a la reflexión y a la toma de conciencia. El Universo emite constantemente señales. A lo largo de nuestra vida pasamos por muchas *Noches Oscuras del Alma:* son esos momentos en que uno se siente inútil, desconcertado, solo y abatido, sin fuerzas para reaccionar y sintiendo que no sirve para nada. Son momentos de muerte mental, un preludio de volver a nacer. La *Noche Oscura del Alma* siempre llega justo antes de que el resplandor de la iluminación se produzca. Es su anuncio.

Cuando se llega a la parte más honda de la piscina, más fuerte será el impulso que podemos darnos para salir hacia arriba.

En ese centro que es la encrucijada, en ese instante, tomamos conciencia de nuestro propio centro.

Cuando la cruz está inscrita en un círculo se considera como la representación del equilibrio, de la plenitud humana. Quizá porque refleje nuestra auténtica

forma energética, y esto, de alguna manera, ha quedado impreso en la memoria colectiva.

Es importante señalar que la cruz es uno de los signos más representados en todas las civilizaciones co-
nocidas; no pertenece a ningún credo en particular, y
es universal. Pero a la vez, es un signo sobre el que se
han hecho un sinnúmero de interpretaciones, y, a partir de un determinando momento histórico, ha pasado
a formar parte de las creencias. Un espacio, como
siempre, teñido de dogmatismo y de espíritu de separación. Por tanto, la cruz ha sufrido una manipulación
extremadamente partidista. Como resultado de tantos
siglos de oscuro fanatismo, el emblema internacional
de la Cruz Roja es sustituido en los países islámicos
por el de la Media Luna, aunque las labores humani-
tarias y solidarias sean las mismas. Una reivindicación
lógica, si recordamos los ríos de sangre que a lo largo
de la historia vertieron los cruzados para «defender»
los santos lugares. También en otras épocas históricas, el nombre de la cruz ha sido utilizado para legiti-
mar múltiples matanzas movidas por la codicia y la
cerrazón mental que siempre aporta la intolerancia.

Este símbolo es universal, porque es la forma energética de todo ser humano; y quizá sea el momento
de despojarlo de todas las connotaciones oscurantis-
tas que durante siglos han impedido un acceso limpio
hasta su precisa geometría.

Las fuerzas oscuras siempre buscan emponzoñar
con su veneno de confusión aquellos espacios de
donde surge la luz. Es una táctica tan vieja como el
mundo, pero tarde o temprano, o, mejor dicho, en el
momento justo, cuando es necesario, la verdad aparece, resplandeciente. Es el signo de que ya hemos
superado las anteriores etapas mentales.

Una reivindicación justa

Ya es hora de reivindicar un signo que es patrimonio de la Humanidad, y no de un determinado grupo con tales o cuales creencias.

En el cristianismo, la cruz del sacrificio estuvo prevaleciendo, durante mucho tiempo, sobre la cruz de la resurrección. La muerte antes que la vida. El dolor antes que la alegría de vivir. Volver a nacer es un hito imprescindible en la vida de todo buscador. Siguiendo el ciclo de las energías, morir y nacer son un eslabón constante del mundo manifestado, que también tiene su equivalencia en el engarce de las energías que dan forma a la vida.

La cruz no es patrimonio de nadie; de hecho, considerando sus cuatro brazos inscritos dentro de un círculo (como así es), se convierte en el simbolismo solar de una rueda, tan querido por los pueblos precristianos, en especial los celtas. No podemos reducir el simbolismo de la cruz a una interpretación cristiano-católica porque es un signo presente en todas las culturas, mucho antes del nacimiento de Cristo. Cuando llegaron al Nuevo Mundo las expediciones de conquistadores españoles, los sacerdotes que los acompañaban vieron con horror que la cruz estaba presente en la arquitectura sagrada de los indígenas. «El diablo llegó antes que nosotros» —dijeron estos sacerdotes, según cuentan las crónicas de la conquista de América..

La cruz no fue patrimonio exclusivo de la religión católica. De hecho, los primeros cristianos tardaron bastante en admitir este símbolo, porque la muerte en la cruz, en aquellos tiempos, era considerada socialmente como algo infamante. «Un escándalo», como escribía San Pablo. Y es que, históricamente, la cruz fue utilizada por el mundo antiguo, en un determinado periodo, para castigar a los reos de los más graves delitos. Para ser ajusticiados en lo que entonces se llamaba «la cruz alta», tenían que ser convictos de los delitos más horrendos. Tuvieron que pasar más de cuatrocientos años, hasta que en el siglo IV la cruz latina (la que tiene un travesaño vertical más largo que el horizontal) fuera adoptada por los cristianos de aquella época como símbolo de su religión. Por este hecho se quitó a la cruz el carácter de castigo, y el emperador Constantino mandó grabar esta figura en el estandarte imperial. Desde entonces, muchas naciones contemporáneas siguen manteniendo la cruz en sus banderas, como Dinamarca, Suecia, Noruega, Grecia, Suiza, y otras.

La festividad de la invención de la Santa Cruz se celebra en los países católicos el 3 de mayo. Coincide con las «fiestas de los mayos», tan presentes en toda la tradición europea, según nos cuenta sir James Frazer en su erudita obra *La rama dorada*. Las cruces de mayo son cruces florecidas: son alegorías de la victoria sobre la muerte, y así lo representan las ramas, flores y frutos que se dibujan sobre la cruz de Cristo, haciendo intervenir, además, las danzas, los cánticos y otras expresiones de alegría.

Ecos diversos

El mundo de las resonancias se pierde en cien mil vericuetos; está ahí, disponible para cada uno, mostrándose en múltiples formas. Una de ellas es la celebración de algunas fiestas populares donde se conjuran las fuerzas de la vida como medio de acceder a la divinidad.

Quien esto escribe ha asistido y participado en multitud de celebraciones rituales de diversas culturas del planeta: todas distintas, todas teñidas por el particular acento de unas tradiciones diferentes; sin embargo, en todas, el sutil hilo conductor de la resonancia, expresado de formas diferentes. Las formas son lo de menos, lo que importa es la esencia que une al ser humano, sean como sean los moldes donde ésta se ubica.

La cruz florecida también se relaciona con el árbol edénico y con las múltiples representaciones del Árbol de la Vida y sus senderos cabalísticos.

Tal vez sea ahora el momento en que nos encontremos dispuestos para entrar en otras esferas que amplían nuestro mundo de realidad constreñida por parámetros absurdos, de efectuar una limpieza a fondo de la imagen punitiva con la que todavía la cruz es asociada, como lo prueba el lenguaje popular castellano, donde «cruz» es sinónimo de desgracia o de castigo.

Nada que ver con otras culturas antiguas; por ejemplo, para los egipcios la *ankh,* ansada o cruz egipcia, simbolizó para esta civilización la vida que nos llega a través del Sol. En muchas representaciones funerarias aparece sujetada por arriba, a modo de llave que abre los reinos de otros mundos. Los coptos adoptaron la *ankh* como emblema, para aludir a la cruz de Cristo como fuente de vida.

Como el cuadrado, la cruz participa también del número cuatro, el esquema básico sobre lo que se construye todo lo creado. Representa las cuatro direcciones de los puntos cardinales, y para nuestro particular juego también nos va a servir para viajar en el tiempo, hacia el pasado y hacia el futuro a través de sus trazos horizontales; el movimiento vertical ascendente nos servirá para orientarnos en dirección a la Fuente, y el descendente, para bajar a los infiernos personales, esto es, para bucear en la propia sombra.

En China, la cruz entró en relación con el cinco, por considerar también su punto medio, el cruce de los dos ejes. El cinco es el número del hombre, de la naturaleza humana realizada. Según Pitágoras, es la expresión perfecta del microcosmos humano. Ese punto medio es la búsqueda del corazón cósmico donde están guardados todos los secretos de la naturaleza divina; también los alquimistas buscaron un quinto elemento, la «quintaesencia». Quizá en ese quinto elemento se desarrolle la vida humana en un futuro, una vez que se produzca el ajuste de todas nuestras estructuras físicas y energéticas.

Tras la búsqueda está el anhelo impreciso de recuperar la memoria del origen y también de todo un devenir humano; eso que está condensado en la espiral del ADN, ya conocido y manipulado por los genetistas. Pero aunque se puedan trazar mapas del genoma humano, todavía no se ha penetrado en su secreto, porque es igual que irrumpir con pico y pala en la sutil sustancia de la vida, pensando que con un taladro se pueden cavar agujeros en el mar.

Cuentas y collares

Las reglas de nuestro juego sobre el tablero de la Cruz Cósmica del Amor las tiene que ir encontrando uno mismo a medida que va jugando. Recordemos que nos mandan a este mundo sin manual de instrucciones, y que somos nosotros quienes, a fuerza de vivir y experimentar, vamos creando nuestro particular y propio reglamento.

Este reglamento está a veces distorsionado; no se corresponde ni con lo que realmente somos ni con las fuerzas de la vida que se mueven a nuestro alrededor. Casi siempre jugamos *en contra nuestra* y de lo que se trata es de ajustar, sintonizar y equilibrar lo que somos y lo que deseamos ser con las corrientes de la vida que circulan a nuestro alrededor.

La propuesta que hacemos sobre nuestro particular damero, cuya imagen gráfica ha sido ya sugerida en páginas anteriores, está encaminada a crear una correspondencia entre la vida individual de cada uno y los fenómenos de la vida en sí, cuyo proceso de manifestación es análogo a lo que uno debe realizar en sí mismo. Se trata de crear un punto de contacto sólido, eficaz y que produzca resultados para que los cambios no se limiten al terreno de la especulación abstracta, sino que se manifiesten en la vida diaria de cada uno, ese escenario proporcionado por la vida para nuestra evolución.

Somos lo que somos y estamos donde estamos: la vida nos colocó aquí, en este cuerpo, dentro de este sexo, con esta familia, este ambiente social y estos recursos personales. La mano de cartas ya fue repartida, y a nosotros nos toca elaborar las mejores jugadas, *a partir de lo que somos y tenemos.*

Nuestra intención al concebir este juego es propiciar el que cada uno encuentre, por sí mismo, el camino de regreso hacia su verdadera naturaleza: es la puesta en marcha hacia la trascendencia. Para traspasar fronteras mentales y límites autoimpuestos, y preparar el terreno para que el milagro se produzca. Puede hacerse en cualquier momento. El salto cuántico de la conciencia ocurre cuando menos lo esperamos, siempre que así lo deseemos... y nos mantengamos en la actitud interior adecuada para ello.

Pensamiento y acción, unidos y acordes, crean las condiciones para que florezca en nuestros territorios internos otra nueva realidad, que inmediatamente se manifiesta también «fuera», bajo la forma de hechos y acontecimientos propicios que estaban ahí, esperando las condiciones adecuadas para producirse en el plano de lo material.

El nombre de nuestro damero no es casual; el poder del Amor es el guía, la Cruz es la forma simbólica escogida por el paralelismo que guarda con nuestra forma energética y por la necesidad de reivindicar aspectos lúdicos casi siempre cegados, y el concepto de Cósmico es una reafirmación de que *lo cósmico* está presente en todos nosotros, de forma individualizada. Jugar en la Cruz Cósmica del Amor es crear una vía libre para preparar el retorno y el acoplamiento perfecto con esa realidad universal de la que procedemos.

Provocar la ampliación de las perspectivas internas es trabajar a favor del aumento de los niveles de conciencia. Estimular la intuición y dejarle espacio para que crezca y se desarrolle es ampliar los límites personales de lo que podemos ser y hacer, y sobrevolar el encajonamiento estúpido que produce la consideración limitada de lo que somos.

El propio Albert Einstein afirmaba que la intuición es lo que posibilita la relación provechosa entre las impresiones sensibles y el mundo de formulación donde se fraguan las acciones.

Quien lo prueba descubre que es posible establecer conexiones hasta ese momento no percibidas. Entonces empieza a pasarle el hilo a las cuentas que la vida deja caer a sus pies, y termina ordenando un precioso, único e irrepetible collar: el círculo de su propia vida, formado por sus propias experiencias *comprendidas, asimiladas e integradas,* más allá del velo distorsionador de las apariencias.

Recordemos que, para las sabidurías ancestrales, el círculo es la expresión de la totalidad. Y esto no se circunscribe solamente a la escuela pitagórica, la más próxima a nosotros por razones culturales, sino que es extensible a todas las grandes líneas del pensamiento universal, por encima de tiempos y espacios geográficos.

Encuentro con el secreto

Las similitudes y los puntos de conexión entre los conocimientos iniciáticos de distintas procedencias no deja de ser una llamada a la reflexión y a la investigación de esas fuentes perdidas del conocimiento, cuando uno se siente interesado en ello. El número y la forma era la base de los pitagóricos para elaborar su teoría del Universo. A su vez, estos conocimientos se cimentaban en las antiguas enseñanzas egipcias, donde las relaciones numéricas, las proporciones de la geometría sagrada y las medidas de todas las formas eran la expresión del orden cósmico, reflejado en el ser humano de forma precisa.

Ya hemos visto cómo la sabiduría china expresa, en el octógono que contiene los ocho trigramas básicos y el círculo del eterno movimiento, o Yin-Yang, la forma en que se mueven las fuerzas del Universo. Asomarse al mundo sagrado de los aborígenes australianos, también nos depara importantes sorpresas. Con otro lenguaje, expresan verdades iguales, representaciones diversas de los mismos movimientos de la energía. Pero las correspondencias siguen; una de las representaciones de los indios americanos se centra en el dibujo ritual de lo que se llama *La Gran Rueda,* y ésta tiene muchos puntos en común con la ancestral sabiduría hindú que, en *la rueda del Samsara,* encierra el ciclo de las reencarnaciones, atrapadas por las fuerzas energéticas que crean los deseos, los apegos y las emociones. Hay pirámides en Egipto y hay pirámides en Latinoamérica. Existen curiosas coincidencias en todos los lugares del planeta, donde el fondo es el mismo, y las maneras de expresarlo sólo difieren en las formas, adaptadas a las distintas culturas y a los valores que en ellos primaban.

El común denominador siempre es la búsqueda de lo oculto, de lo invisible. La busqueda personal de las claves secretas a la realidad última es un hilo conductor cuyo extremo se remonta a los tiempos prehistóricos de la Humanidad, cuando las tribus errantes del neolítico se reunían para entrar en contacto con el mundo de los espíritus, de lo no visible.

Uno mismo puede, si así lo decide y actúa en consecuencia, penetrar en el «secreto». Las comillas que acompañan a esta palabra están justificadas; no se trata de «un secreto» que alguien posea, y que, por tanto, puede develarnos; nadie puede descifrar por nosotros lo que es. Se trata de encontrar el acceso directo a las claves que están en nosotros, para descubrirlo personalmente. Por eso es "secreto": porque es incomunicable, porque no se puede expresar en palabras, porque solamente es experimentable a nivel individual. La evocación íntima, el fenómeno de la resonancia personal y los propios encuentros son la vía para entrar en el camino de lo inefable y desvelar este «secreto» que permanece abierto y accesible si sabemos llegar hasta nuestro propio corazón.

La activación de la intuición personal es un puente insustituible para ello. Cada contacto es único. Cada conexión personal con lo divino es una experiencia trascendente, irrepetible. Cada ser humano es un milagro de características propias, dentro de la concatenación infinita de grandes milagros que conforman la vida.

El símbolo es el encuentro de dos mitades que se reúnen. Cuando las piezas encajan, sobran los discursos y los rituales. Se produce el *clic* y uno experimenta, sin definiciones, el encuentro y la fusión con otras dimensiones que siempre estuvieron dentro.

Algunas veces hemos dicho que la vida es la aventura más apasionante. Sin embargo, muchos prefieren escoger la actitud interna de considerarla una pesada y aburrida carga. Una sucesión de sinsabores y esfuerzos inútiles, iluminados por breves destellos luminosos de felicidad... que nunca duran lo suficiente. Puede que sea así, puede que no. Como siempre, es cuestión de elección. Pero no olvidemos que conviene plantearnos de vez en cuando cúal es la óptica adecuada para enfocar lo que vamos viviendo; a veces, la perspectiva, el punto de mira desde el que observamos es lo que determina lo observado.

Quien se siente montura, sólo percibirá fardos.

Quien se siente jinete, cabalgará sobre sí mismo observando y disfrutanto el paisaje que se abre ante él.

La resonancia intuitiva es la llave para abrir el personal y oculto cofre donde se guardan todos los secretos buscados durante milenios. Tal vez, para nosotros, éste sea el momento de encontrarlos porque puede que estemos a punto de pasar a otra fase de nuestra existencia colectiva como Humanidad.

NOTAS PERSONALES

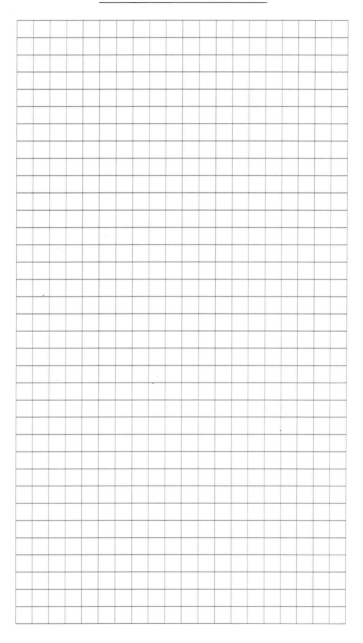

Invitación al juego

8

EL encuentro del ser humano con Dios incorpora una entrada de lo divino en lo humano, y una inmersión del hombre-mujer en la divinidad. Cada uno debe encontrar sus propias conexiones con el juego divino, porque, como ya hemos dicho, esto es algo que no se puede enseñar y que no se puede aprender racionalmente.

Pero sí se puede caminar juntos para propiciar el descubrimiento: es el propósito de este libro, concebido como un gran espejo, a semejanza de lo que propone la filosofía taoísta.

La técnica especular es una forma de metáfora y de alegoría, que se basa en aludir a lo que ya se conoce, *para que este conocimiento brote en uno mismo, como un destello que provoca la comprensión.*

Quizá ahora se manifieste de forma más clara lo que decíamos anteriormente acerca de que las reglas del juego tienen que ser encontradas por uno mismo. No creas nada, no aceptes nada, no des nada por bueno hasta que tú mismo no lo hayas experimentado. Ésta es una máxima de oro para el buscador espiritual que no quiere delegar su responsabilidad ni ceder ningún espacio de su libertad interior a nada ni a nadie.

Desde estas páginas podemos sugerir algunas propuestas, encaminadas a acceder al poder del Amor, que siempre es el objetivo de nuestra búsqueda. Siempre por la vía personal de la propia vivencia, lo único realmente válido.

Si de verdad quieres encontrar la presencia de Dios en ti mismo y en esa sucesión de aparentes acontecimientos inconexos que te depara el tablero de tu vida, recuerda siempre que, para encontrar el significado de esas reglas del juego divino, tú estás aquí por algo y para algo, y que debes descubrir cuáles son las fichas de que dispones para jugar en este damero, blanco y negro, que resume el mundo dual en el que estamos, aspirando a la integración y a la comprensión de los opuestos.

Deseamos que cada cual viva su experiencia en la Cruz Cósmica del Amor, y le invitamos a entrar en su propio juego, recordándole que se entregue a él liviano de cargas, sonriente y confortado con la seguridad de que, siempre que así se desee y se pongan los medios para ello, el Poder del Amor le conducirá por los caminos más directos para propiciar su propio reencuentro con el estado natural que una vez abandonó y que ahora puede recuperar.

El Amor fluye, rebota y aumenta en cuanto le abrimos la puerta para que entre en el juego. Es una secuencia matemática que adquiere proporciones inimaginables cuando se le invoca para que circule por nuestra vida. Que puede estar representada por esta cruz imaginaria de la que, a continuación, vamos a detallar algunas de las posibles jugadas.

Cuatro trazos simbólicos

Cualquier damero permite un número indefinido de combinaciones y movimientos; nuestra Cruz Cósmica del Amor tiene una doble dirección formada por los ejes horizontal y vertical; el primero se corresponde con el plano de la interactuación con los otros, de las relaciones y de todo lo que nos llega de los demás. Va de uno a los otros, y de los otros a uno.

El eje vertical se relaciona con lo trascendente; va de uno a Dios, y de Dios a uno mismo.

Existen cuatro posibles movimientos relacionados con cada uno de los cuatro trazos que configuran la Cruz Cósmica: el tramo izquierdo y el tramo derecho del eje horizontal; el superior y el inferior del eje vertical. En el centro siempre está uno mismo, en el presente, procesando e integrando todo lo que le llega de estas cuatro direcciones, e incluso aventurándose en ellas de forma consciente para reconstruir el pasado o elegir el futuro.

Eje horizontal izquierdo: el pasado

Empecemos aproximándonos al eje vertical izquierdo, tal y como se ve en el siguiente dibujo:

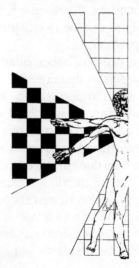

SANAR EL PASADO:
- Perdonar es liberar y liberarse.
- El pasado puede reestructurarse.
- Comprender ayuda a aceptar.

Este espacio se relaciona con la posibilidad de sanar el pasado en su totalidad. Es una propuesta para viajar en el tiempo con la mente consciente. Cada cuadrado del damero está vacío, listo para ser llenado con todas esas situaciones que dejaste atrás en el tiempo, pero que todavía te lastran el presente porque no quedaron resueltas emocionalmente.

Escoge tú mismo una situación de este tipo y trabaja con ella; si notas algún cambio interno, sigue adelante, procediendo con orden para evitar la confusión y el desaliento que surgen cuando uno siente que el peso del «archivo» interno es excesivo. Aprender siempre es reordenar.

Revive, conscientemente, esos recuerdos dolorosos que casi siempre tratas de apartar de tu cabeza. O que rechazas con ira, repitiéndote a ti mismo los argumentos que siempre te has dado para reafirmar tu seguridad en que «tenías razón, y el otro (o los otros) eran los «equivocados». Puede que fuera así, o puede que no. Pero seguro que de la experiencia había algo que tú debías aprender.

En tu vida se pueden haber quedado pendientes relaciones que precisan de curación. Incluso con personas que ya están muertas. No importa. Puedes reconciliarte con ellas, reescribir el guión de todos esos momentos en que el odio, el rencor o la rabia se erigieron en directores de la escena.

A veces lo que más duele no es lo que se dijo ni lo que se hizo, sino lo que se quedó sin expresar. Las lágrimas más amargas que se vierten sobre las tumbas tienen su origen en palabras de amor que no se dijeron y en acciones de acercamiento jamás emprendidas.

Lleva el perdón mentalmente allí donde sea necesario.

Perdónate tú, si sientes culpa, y perdona al otro, si creíste que era culpable. Puedes hacerlo con tu mente, si las circunstancias no permiten un encuentro físico.

Con tu mente, dirigida de forma consciente, puedes hacerlo todo. Es la gran creadora de la realidad, de tu realidad.

Uno no puede cambiar lo que pasó, pero sí puede cambiar la manera de ver, comprender y sentir lo sucedido.

Y, muchas veces, las interpretaciones de lo que ocurrió son más importantes que los propios hechos. Lo que uno considera como realidad total suele ser sólo un punto de vista sobre esa realidad.

Se pueden sanar relaciones del pasado, pero también puede uno liberarse de la trampa emocional que nos liga a relaciones enfermas, dañinas. Busca en tu recuerdo esas personas con las que estableciste dependencias morbosas, que te sumieron en la confusión y en la contradicción constantes. Libérate de ellas: corta, mentalmente, con todo lo que han supuesto en tu vida. Dirígete mentalmente a la persona, y, desde la serenidad y la comprensión, expresa tu deseo de liberarte de toda atadura emocional. A veces hay que acercarse, pero a veces también hay que alejarse definitivamente.

Para moverte por este tramo de la Cruz Cósmica del Amor, recuerda que:

El perdón libera.

Equivocarse es humano, pero perdonar es divino. los beneficios son inconmensurables. El perdón devuelve a nuestros corazones la inocencia que perdimos. Y el Amor, recordemos, tiene mucho que ver con el estado de inocencia.

Perdonar es un milagro callado que debe practicarse en solitario y en silencio.

Es la llave que permite liberarnos de las cadenas del rencor y la culpabilidad: nos saca el anzuelo que teníamos clavado.

Perdonarse a uno mismo es el primer paso para que el perdón hacia los otros sea efectivo.

La comprensión es curativa y sanadora.

Cuanta más información recabemos acerca de una situación, más fácil será comprender. Nunca podemos tener todos los datos, pero la ira por el empujón que alguien nos da en la calle se desarma en cuanto uno comprende que quien chocó con nosotros era ciego. Hay muchos ciegos alrededor de nosotros y no solamente se trata de los invidentes físicos —que generalmente saben «ver» mucho mejor que los otros—, sino los ciegos del espíritu, los que tienen sus gafas mentales constantemente empañadas por gruesas capas de porquería mental.

Si pudiéramos leer la historia secreta de nuestros enemigos, hallaríamos en sus vidas penas y sufrimientos suficientes para desarmar nuestra hostilidad.

El pasado es un tiempo imaginario que confluye en el presente; por tanto, siempre podemos reestructurarlo.

El viaje en el tiempo no es sólo para los escritores de ciencia-ficción. Cada uno puede adentrarse en la trama de su propio pasado: la mente tiene la posibilidad viajar a cualquier lugar, incluso a través del tiempo.

Es posible recuperar a tu niño interior para ofrecerle todo lo que necesitó y no tuvo.

La infancia es el lugar donde siempre está atado uno de los extremos del hilo de nuestra vida. No importa la edad que uno tenga, aquel niño que fuimos siempre vive en nosotros. Ahora es el momento de proporcionarle lo que necesitó y no tuvo. Somos quien mejor puede saber qué quiso y cuál es la mejor manera de ofrecérselo.

Sanar la propia infancia es posible. Los padres o las personas encargadas de nosotros cuando éramos niños *hicieron lo que supieron hacer.* Nada más. Éste es un punto de partida básico para comprender que también ellos estaban sujetos, de forma inconsciente, a una férrea cadena de interpretaciones erróneas de la realidad... y a lo peor, víctimas también de venenos personales y heredados.

Sugerimos que se aproveche el espacio reservado para las «Notas personales» al final de este capítulo para anotar las situaciones del pasado que nos resultan dolorosas. Después, el trabajo que sigue es personal; no te conformes con leer pasivamente. Acércate, con tu mente, a todo aquello que supone una traba en ti, un nudo. Revive, y, al recrear en tu imaginación, pon todos los ingredientes necesarios que *ahora mismo* sabes que podrían evitar aquel desenlace o aquella situación no deseado.

En este eje horizontal izquierdo de nuestra Cruz Cósmica del Amor también están incluidas *todas las potencialidades que no se desarrollaron* y quedaron enquistadas. Puedes preguntarte qué pasó con ese talento natural hacia la música, o hacia el dibujo, o preguntarte cómo has utilizado tu natural habilidad para contar chistes o para entenderte con los animales. ¿Siguen estando ahí? ¿Sí? Entonces, ¿por qué no pensar que ahora es el momento ideal para recuperarlas y hacerlas entrar en el juego? ¿Qué pasó con tus ganas de aprender a montar a caballo, con aquella afición que te inculcó tu abuelo por los libros viejos? ¿Crees que merece la pena desarrollarla? ¿Es éste el momento de aprender a disfrutar con esas pequeñas cosas, quieres darte el gusto, o todavía tienes que esperar un poco más? Saber elegir lo mejor para cada uno tiene mucho que ver con ser capaz de disfrutar con las pequeñas cosas. En lo sencillo, muchas, muchísimas veces está la clave del desarrollo de toda una vida.

Una persona con recursos está más capacitada para hacer frente a cualquier situación crítica que aparezca en su vida. Y las aficiones, los «hobbies», son excelentes espacios personales que nos podemos dedicar a nosotros mismos para hacer lo que nos gusta... y que quizá se revelen como algo muy útil si las circunstancias nos enfrentan a nuevas situaciones. Si los niños pequeños aprenden jugando, ¿por qué no recuperamos nosotros el juego como forma de aprendizaje, haciendo lo que nos gusta y liberándonos de esa maldición bíblica que asocia siempre *trabajo* con *castigo?*

Las personas más felices parecen ser aquellas que no tienen motivo especial para serlo, salvo que lo son.

Las sonrisas más anchas y más constantes que he visto en mi vida las encontré en los habitantes de unas pobres comunidades indígenes cuyos recursos materiales apenas si sobrepasaban el poder comer todos los días. Pero ¡qué alegría destilaban aquellos hombres y mujeres, qué felices estaban los ancianos, cómo jugaban los niños! El viejo cuento del hombre feliz, aquel que el rey mandó buscar por todo su reino para que le llevasen su camisa, como amuleto infalible para encontrar la felicidad que nunca tuvo el monarca, se revela como un exacto relato de cómo son las cosas.

Cuando los emisarios del rey encontraron al hombre feliz se dieron cuenta que éste era tan pobre que no llevaba camisa.

Eje horizontal derecho: el futuro

Este trazo simbólico se sitúa en el eje horizontal derecho de la Cruz Cósmica y se puede representar así:

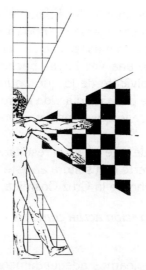

ELEGIR EL FUTURO:

- El futuro se elige desde el presente.
- Proyección de la confianza y la seguridad.
- La realidad es una sustancia dúctil que responde a lo que se crea en la mente.

El cauce de un río señala por dónde circulará el agua. Tu presente es la semilla del futuro. Los hechos del futuro se construyen con los ecos del pasado. El punto álgido de todo el proceso es el presente. Ahora es posible comenzar a elegir y decidir conscientemente cada una de las elecciones que la vida nos plantea. Sin preocuparse de lo que podría haber pasado *si hubié-ramos elegido otra cosa.* Es igual. Cada elección elimina multitud de otras posibilidades. Devanarse la cabeza pensando en lo que podría haber ocurrido si hubiéramos escogido cualquiera de las posibilidades descartadas, es tan inútil como pretender vaciar el mar con un cubo. Deja que todas tus decisiones se alineen en la sintonia del Amor, y despreocúpate del resto. Vendrá por añadidura.

Las elecciones son viajes, no simples destinos. No te desalientes por complejo y arduo que pueda pare-

cer el camino que te lleva hacia el futuro. Las dificultades suelen encogerse cuando más cerca se está de
ellas. La elección más fácil no es siempre la más desea-
ble. Por eso, una vez hayas hecho tu elección en lo
inmediato, olvídate de lo que *podría haber sido*. Hay
gente que se pasa media vida reprochándose las con-
secuencias de lo que consideran una elección equivocada.

La obra de arte no es el resultado, sino el proceso.

Para moverte con soltura en este tramo del eje horizontal derecho de la Cruz Cósmica, recuerda que:

**La imaginación actúa como un bumerán que siem-
pre vuelve.**

Si la empleamos adecuadamente, la imaginación
configura el molde donde luego se fraguarán los acontecimientos. Si la empleamos mal, sucederá lo mismo. El pensamiento crea la realidad, y si se mantiene
con la suficiente fuerza como para que las acciones se
alineen con él, eso será justamente con lo que nos
encontremos.

La *pre-ocupación* es una forma negativa de emplear la imaginación en contra nuestra. Proyectar hacia
el futuro los temores es crear las bases para que éstos
se conviertan en realidad. Una forma de trabajar sobre
este espacio imaginario de forma positiva es a través
de visualizaciones dirigidas a recrear en la mente, con
todo detalle, aquello que queremos conseguir. Pero
debemos ser muy cuidadosos; la mayoría de las veces
no tenemos suficientemente claro lo que deseamos, ni
si esto es lo que nos conviene para nuestra propia
evolución.

Cada vida es un guión único.

No admitas condicionamientos de ningún tipo: ni
los que tú te impones para compensar artificialmente

lo que consideras como carencias, ni las que te puedan imponer otros.

Aprender a tratarse bien a uno mismo es a veces más difícil que aprender a tratar bien a los otros. Muchas personas pasan por la vida suicidándose parcialmente, destruyendo sus capacidades y sus cualidades creativas.

Decir «no» a tiempo evita malgastar mucha energía.

Puedes inventar tu propio futuro.

El viaje en el tiempo también incluye la investigación del futuro que se está fraguando ya, ahora mismo. La pregunta clave es: ¿Estoy actuando a favor de las corrientes de la vida, permitiendo que se manifiesten en su momento de forma positiva, o estoy situándome en contra de ellas?

El tiempo es circular; el pasado, el presente y el futuro están sucediendo en el mismo tiempo.

Desde este tramo de la Cruz Cósmica del Amor también podemos propiciar las reconciliaciones, también es posible proyectar el perdón hacia el futuro. Pongamos un caso concreto: la enemistad con alguien a quien vemos ocasionalmente, y a quien nos resulta difícil abordar de forma directa, porque las circunstancias parece que no lo aconsejan. Toma la imagen de esta persona, y visualízate con ella, rodeados los dos por una luz blanca; dirígete mentalmente a esta persona, enviándole pensamientos afectivos, palabras de cariño y gestos de reconciliación. Puedes plantear la imagen mental que tú prefieras, incluyendo los detalles que escojas, pero siempre consciente de que quieres liberar la situación de la culpa, el resentimiento y la recriminación.

Repite esta visualización tantas veces como quieras. Cuando la tengas clara en tu mente, y la sientas reforzada en todos sus detalles, espera a ver qué sucede. Quizá pronto tenga lugar un «encuentro casual» con esa persona; puede que, inexplicablemente, haya cambiado su actitud hacia ti y se te acerque con una sonrisa: estáte preparado para devolvérsela. No te molestes en tratar de averiguar qué es lo que ha sucedido. Sucedió... y eso es lo importante.

Reconciliarse internamente *en el futuro* opera cambios milagrosos en las circunstancias y en las situaciones cotidianas, que son permeables y moldeables, igual que nosotros mismos somos cuerpos de energía, que se liberan una vez los dejamos salir de las rigideces que nos imponemos.

La realidad es una sustancia dúctil, mucho más dúctil de lo que imaginamos, y la mente modela la forma de los acontecimientos, que más tarde aparecerán ante nosotros.

Al futuro hay que esperarlo con confianza y con la seguridad de que será lo mejor que tenga que ser.

Plantearse demasiadas expectativas con el *por-venir* suele llevar aparejado muchos errores de percepción y una importante cantidad de ansiedad. Pretender interferir en el curso de los acontecimientos e incluso llegar a desear controlarlos es un grave error que, tarde o temprano, se paga de una u otra manera.

Analiza cada expectativa de futuro que tienes ahora mismo. ¿Realmente lo que deseas va a servirte para tu propio crecimiento y evolución personal? ¿O responde a una creencia que ahora mismo consideras incuestionable? ¿Mañana será igual? ¿Qué o quién guía tus expectativas de futuro: tu yo real, o ese ego que busca afianzar su personalidad al precio que sea?

Proyecta confianza y seguridad en el futuro, sin empeñarte demasiado en que adopte una forma concreta.

El poder del Amor posibilita la acción. Pero sólo desde la confianza puede accederse a la acción correcta.

Eje vertical inferior

Seguimos el trazado de nuestro tablero, cambiando ahora de dirección y de espacio. Estamos en el eje vertical inferior.

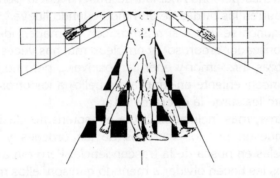

DILUIR LA SOMBRA:

- La sombra personal es el espacio que más necesita de la luz de la conciencia.
- Disolver la sombra es alquimizar el residuo oscuro de nuestra personalidad.
- La hostilidad de nuestra sombra es directamente proporcional con los esfuerzos que hacemos para ignorarla o reprimirla.
- La sombra y el miedo van aparejados.

Este espacio se relaciona con los territorios internos inexplorados, conocidos en psicología como *la sombra personal*.

Jung dijo que uno no alcanza la iluminación fantaseando sobre la luz, sino haciendo consciente la oscuridad.

La sombra y el miedo siempre van aparejados.

Encontrar la propia sombra y transmutar su poderosa energía en nuestro beneficio es la parte más profunda del proceso de autoconocimiento.

Muchas personas hablan de trascendencia porque se aburren las tardes de domingo cuando llueve.

Algunos se ven a sí mismos con la imagen idílica del «buscador amoroso», y emplean muchas veces las palabras «luz, amor y energía positiva»... pero no tienen inconveniente en «tirar a degüello» a los otros en cuanto les surge la oportunidad.

Otros, más inclinados hacia el esoterismo clásico, se mueven por los caminos de las órdenes y las escuelas en busca de la trascendencia. Pero tan altos vuelos les hacen olvidar a menudo que son, ellos mismos, escenario habitual no asumido donde su sombra aparece cada vez que experimentan la envidia, y sufren cuando ven el bien en el otro; cada vez que eligen sentir al contrario como «competencia» en lugar de como «colaborador», y, por tanto, procuran segar abierta o sibilinamente la hierba bajo sus pies.

La soberbia es mal aliado; entontece e impide darse cuenta de que nadie está completo ni es perfecto, y que todos necesitamos ayuda.

Unos y otros olvidan lo más importante: la acción en su vida cotidiana. La atención sobre sus pensamientos, palabras y acciones. Viven a espaldas de su sombra, sin darse cuenta de que ésta aumenta, boicoteando cualquier intento de evolución y de crecimiento interior. Al ignorarla, la sombra crece y crece en la oscuridad.

Pongamos un tercer personaje como prototipo. El hombre-mujer sin demasiadas inquietudes espirituales, que se siente muy a gusto bajo su fino barniz de «civilización». Esta tapadera un poco floja puede saltar en cualquier momento, Situemos a esta mujer imaginaria al volante de su coche: protegida por esa proyección metálica del aura que es la carrocería, veamos cómo reacciona cuando alguien le hace una mala jugada al volante. No es difícil imaginar que lo hará con la máxima violencia, aunque sea verbal.

Coloquemos a este hombre inventado en una tarde de fútbol, bien arropado por la masa. Seguro que insulta, grita y reclama la sangre del árbitro. Más tarde, al salir del estadio —y sobre todo si ha ganado su equipo—, incluso puede ayudar a una viejecita a cruzar la calle.

Cada uno de nosotros lleva incorporado un Dr. Jekyll y un Mr. Hyde. Sólo hacen falta determinadas circunstancias que propicien la aparición del personaje negativo para que éste surja. Las perversiones sexuales, las atrocidades de violencia y crueldad no solamente las cometen los soldados de cualquier país subdesarrollado. En las grandes ciudades, importantes personajes con traje de firma y exquisitos modales en la mesa también destapan, en la impunidad del anonimato, sus instintos más enfermizos.

En las condiciones apropiadas para el cultivo del mal, todos somos susceptibles de reaccionar ciegamente ante él.

En una de sus películas, Woody Allen pone en boca de dos de sus personajes el siguiente diálogo:

—¿Cómo puede haber tanta maldad en el mundo? —dice uno.

—Conociendo a la Humanidad, lo que me asombra es que no haya más —le contesta el otro.

Estemos atentos a la aparición de nuestra sombra. Sólo así podremos reconocerla y diluirla.

Para moverse por los cuadros blancos y negros de este trazo de la Cruz de nuestro juego, tengamos presente que:

La oscuridad que vemos en el mundo es el resultado de la suma de todas las oscuridades interiores.

Y estas oscuridades están en nosotros, en todos nosotros. El que permanezcan en estado latente sin que lleguen a desarrollarse depende muchas veces de que las circunstancias no lo permiten, y otras pocas de la decisión consciente de no permitir que afloren. Y esto se consigue no a través de la represión, sino por medio de la comprensión de lo que oculta la sombra. Un proceso que necesariamente ha de comenzar con el reconocimiento de nuestra parte negativa y sigue con la capacidad de disolverla.

Todos estamos implicados en la carga de maldad y de sombra que circula por el mundo. En vez de buscar culpables o responsables fuera, haríamos mejor en mirar hacia dentro para reconocer cúal es la parte que nos pertenece a nosotros. La clave para conseguirlo es, como siempre, sencilla: unas buenas dosis de humildad, junto con la atención y la intención adecuadas, suelen ser el antídoto perfecto para que no siga desarrollándose la hidra mortífera del mal que nutre la sombra.

Cometer errores es parte del aprendizaje.

Si tenemos de nosotros mismos la imagen idealizada de que somos casi perfectos, muy difícil será que nos permitamos equivocarnos y cometer errores. El error es parte del aprendizaje; la dificultad no estriba en «meter la pata», sino en la rigidez y la miopía mental de no querer reconocerlo.

*La vergüenza, junto con el miedo, también ayudan
a reforzar la sombra.*

Muchas personas se avergüenzan de sí mismas cuando reconocen alguna pulsión que consideran «negativa, sucia o baja». Y hacen todo lo posible por ocultarla a los demas, pero sobre todo a sí mismas. Recordemos lo que decía Oscar Wilde: «Nada humano me es ajeno.» La auténtica comprensión es una franja ancha, permeable y marcada por el signo de la benevolencia y de la tolerancia, que antes que nada hemos de aplicarnos a nosotros mismos. No somos tan perfectos como para negarnos la posibilidad de equivocarnos. No tenemos un ego tan sólido como para no admitir que somos capaces de cometer errores o de sentir la atracción de lo oscuro en alguna ocasión. Una vez más, simplifica la visión de ti mismo; no te aferres a una idea especulativa más o menos ideal que descarta la oscuridad. Somos luz y sombra, y justamente de esa integración, de esa interacción es de donde puede surgir la auténtica luz.

La moral poco o nada tiene que ver con la ética, que, según los griegos, se relaciona con la belleza, y, desde el punto de vista cristiano, se basa en no hacer a los demás lo que no queremos que nos hagan a nosotros. Tan sencillo rasero elimina muchas dosis de «moralina» absurda.

La «moralina» busca estimular la culpabilidad y el miedo, la fórmula más antigua y más eficaz para manipular las mentes, doblegar las voluntades y sojuzgar el espíritu de libertad.

La naturalidad en reconocer que hay muchas cosas *no-buenas* en nosotros ayuda a desarmar su carga; la humildad, al darnos cuenta de que estamos llenos de sentimientos negativos y aceptarlo como algo que deseamos cambiar, es un paso importantísimo para enfrentarse con la sombra, y evitar que se refuerce en la ignorancia hipócrita.

En la medida en que nos empeñemos en esconder nuestra sombra, ésta se hará más hostil y adquirirá más fuerza.

Sospecha de toda vehemencia cuando rechaces algo. Muchas veces esconde una porción de sombra personal a la que no se le permite ser reconocida. A mayor esfuerzo por reprimir lo que no nos gusta de nosotros, mayor fuerza adquieren las proyecciones de la sombra.

Todos los fanatismos surgen de la sombra colectiva no asumida en lo individual.

En el ámbito personal, nuestra sombra sabotea sistemáticamente todo el proceso del juego divino, entorpeciéndolo y trabándolo.

La sombra busca siempre la rigidez del miedo y huye de la fluidez del Amor. Lo rígido se asocia con la muerte, lo flexible con la vida, según la visión taoísta.

Tú puedes buscar, en esta zona del tablero de la Cruz Cósmica del Amor, los rastros de tu propia sombra. Nadie mejor que tú para saber cúales son y en qué espacios se mueven.

Re-conocerlos es elevarlos hasta la luz de la conciencia. Allí se disuelven como las sombras de una habitación a oscuras cuando se enciende la luz.

En esta propuesta de juego personal que es la Cruz Cósmica del Amor puedes, si así lo deseas, pararte a reflexionar durante unos instantes buscando dónde y cómo aparece tu sombra, tiñendo de oscuridad tu vida. Como siempre, céntrate en uno o dos aspectos solamente, para poder ocuparte con atención de ellos, y reordenar de manera adecuada.

No te sientas agobiado si descubres una maraña oscura, con ramificaciones que intuyes muy complejas. No importa. Actúa sobre lo más evidente, prioriza tu búsqueda, asume una o dos parcelas de tu propia oscuridad... y sitúala bajo la luz de la conciencia, en cualquiera de los cuadrados de este tablero imaginario.

Lo que hagas en una parte estará repercutiendo en todo.

La disolución de una sombra interna es el nacimiento de la luz en alguno de los territorios internos. Y cuando la luz aparece, la oscuridad se disuelve. No te preocupes por evaluar cuánta potencia tiene el foco y hasta dónde llega. Es lo de menos. Una simple chispa proveniente de la luz de la conciencia tiene un radio de acción inesperado. Pues, como dijo un jefe indio: «El Gran Espíritu está en todas partes; oye todo lo que está en nuestras mentes y en nuestros corazones, y no es necesario hablarle en voz alta.»

Algo de lo que estabas reprimiendo te debilitaba; hasta que descubres que forma parte de ti mismo, y entonces, al liberarlo haciéndolo consciente, se convierte en ayuda, como la rana de los cuentos, que con un beso recupera su auténtica figura de príncipe. En el delicioso libro de Antoine de Saint-Exupéry, *El Principito,* el autor comparte una llave personal para liberar la sombra y convertirla en luz: «Y éste es mi secreto, algo muy sencillo: sólo se puede ver bien con el corazón; lo esencial es invisible a los ojos.»

No des la espalda a tu sombra y detecta su presencia a través de lo cotidiano. Reconoce tu vulnerabilidad con la ayuda inestimable de la humildad y estarás llevando la luz a lo que siempre estuvo a oscuras.

Los efectos son rápidos, directos, comprobables. Buda lo dijo: «Sólo la Verdad produce resultados.»

Para transitar por los caminos del Espíritu, para jugar en el tablero de la Cruz Cósmica del Amor, la sinceridad contigo mismo es requisito imprescindible. Conjuga tu honestidad personal con la confianza en que el poder del Amor pone el resto... y descubrirás que es real lo que dijo San Francisco de Sales, al expresar que «se aprende a amar amando... Empieza como un simple aprendiz, y el poder mismo del Amor te impulsará hasta que llegues a ser maestro de este arte».

Eje vertical superior

VOCACIÓN DE LUZ Y AMOR:

- La presencia de Dios está en todas partes y en ninguna.
- Los espejos de la divinidad se pueden encontrar en los otros, en el silencio y en la naturaleza.
- El encuentro es una experiencia inefable.

Éste es el espacio reservado para el encuentro con la presencia divina. Es el último trazo de nuestro damero, y seguro que ya has comprendido, sobre todo si te has planteado el hacer alguna de las anteriores jugadas, que éste —al igual que los demás— no es un espacio aislado. La presencia de Dios, la situación de la sombra personal, la posibilidad de sanar el pasado o la capacidad de elegir el futuro, son espacios interconectados entre sí. Vasos comunicantes del mismo sistema, que no existirían sin esta vocación de lo divino que está en cada uno de nosotros.

El encuentro con Dios es sutil en su forma de manifestarse, privado en su forma de vivirlo, reconocible en sus infinitas manifestaciones.

Para quien hace de su vida un constante servicio a los demás, el rostro de Dios aparece tras la cara del niño enfermo, del viejecito solitario que agradece la compañía y el cuidado; aparece en la mujer o el hombre que necesita ayuda y al que se le tiende una mano. Muchas veces uno se queja de la inconsistencia de su propia vida, y en lugar de dar servicio, se sienta a ver la televisión, usa el teléfono móvil o se va a la peluquería. Se distrae con cualquier cosa para no ver la imagen de Dios que, como decía el poeta norteamericano Walt Whitman, deja su huella destilada en todo, haciendo de su voz es un eco reconocible: «Oigo a Dios y lo contemplo en cada objeto, pero no entiendo a Dios en absoluto.» No hace falta pretender encontrar la cuadratura del círculo. Dios no es *entendible ni accesible a los parámetros de conocimientos humanos*. A Dios se le encuentra, y basta. Es un destello del diamante que refulge tras el velo de lo cotidiano.

El rostro de Dios está también en la naturaleza; aparece desvelado en un amanecer, en un instante de plenitud bajo los árboles de un bosque, en la puesta de sol que se desvanece en un horizonte escarlata y oro. La naturaleza es el arte de Dios, decía Dante.

No hay condiciones ni reglas para percibir la presencia divina, salvo estar liberados del ruido de la mente. El silencio interior es imprescindible. No importa lo que estemos haciendo: en la ducha, en la cocina, en el coche, en el trabajo. Se trata de dejar de hacer las cosas normales de modo automático.

Decía el maestro Eckhart que no hay en todo el Universo nada tan parecido a Dios como el silencio. Y no se trata tanto del silencio exterior como del interior. Aceptamos como real la experiencia de sentirse solo aun cuando se esté rodeado de gente; desgraciadamente, es algo que conocen muy bien muchas personas. Pero quizá nos cueste comprender que, en medio de un gran estruendo, uno puede estar en el silencio, porque internamente está situado ahí. Y ésta sí es una hermosa experiencia.

Concentrarse en lo que se hace y vivir el ahora, evitando el ruido de la mente que nos lleva hacia delante y atrás, es una buena fórmula que puede incorporarse a nuestra vida cotidiana a partir de la meditación. No decimos «aprender a meditar», porque en realidad esto no se aprende, como tampoco se aprende a dormir o a respirar. Un niño sano duerme y respira adecuadamente. Un adulto quizá experimente trastornos al respecto: algo puede que esté desajustado en él. Por tanto, para *reeducarnos en el equilibrio,* podemos servirnos de muchas técnicas orientales y occidentales que ayudan a iniciarse en la meditación, tomando como punto de apoyo la respiración. Pero después es uno mismo el que debe encontrar su personal forma de meditar y de imprimir conciencia al natural acto de respirar.

La meditación tiene sentido cuando llega a incorporarse en la vida cotidiana. Los quince o veinte minutos que se pueden dedicar a la meditación son saludables, pero captaremos su verdadera esencia y obtendremos todos sus beneficios cuando el silencio interior que propicia la meditación *esté presente en muchos de los momentos cotidianos.* Meditar es una actitud ante la vida, y pelando patatas, paseando, mirando por la ventana o esperando el autobús también es posible silenciarse uno internamente... y entrar en el estado de meditación que nos conecta con *quien siempre está con nosotros.*

Porque en nuestro interior existe un punto de quietud: un santuario al que podemos retirarnos en cualquier momento para *ser nosotros mismos* y re-ligarnos con nuestra verdadera naturaleza.

Para moverte por este espacio de la Cruz Cósmica del Amor, ten en cuenta que:

La presencia de Dios no sólo aparece en los grandes momentos de iluminación; está también en lo más sencillo, en lo más próximo.

El ideal del ser humano es ver a Dios en todo. Dice Vivekananda que «si esto te parece imposible, puedes empezar a verlo en una cosa que te guste; después, verlo en otra cosa. Y sigue así». Teresa de Jesús nos da una clave básica cuando dice que «lo que más te despierte a amar, eso debes hacer».

Y San Juan nos recuerda: «Allí donde no encuentres Amor, ponlo tú y entonces lo encontrarás.»

Revisa tus conceptos, todas tus creencias entretejidas en torno a la innombrable e indefinible presencia de Dios. Te darás cuenta que, en mayor o menor medida, la idea que te has construido sobre «dios» está diciendo mucho más de ti mismo que de Él.

A Dios no se le puede pensar, pero a todos nos ha hecho portadores de la capacidad de sentir el Amor, una de sus formas de manifestación que sí es accesible a nuestra experiencia humana. Recurrimos de nuevo a las palabras de San Juan, que lo expresan inmejorablemente: «Dios es Amor; y el que vive en el Amor, vive en Dios y Dios vive en él.»

Muchas personas se niegan a sí mismas la posibilidad de vivir su dimensión trascendente porque siempre esperan a que pase algo «especial». Si es tu caso, quizá te pueda ayudar este aforismo zen:

> Antes de la iluminación, cortamos leña, transportamos agua.
> Después de la iluminación, cortamos leña, transportamos agua.

El Poder está en nosotros, pero no es nuestro.

La luz natural de Dios está en cada uno de nosotros. Brilla con más fuerza cuando recordamos que está ahí y permitimos que su resplandor borre y disuelva todas las imágenes delirantes que hemos fabricado sobre nosotros mismos y sobre lo que nos rodea.

Para que actúe el «chip» de lo divino inserto en nosotros, no hay que hacer cosas raras ni especiales. Es tan sencillo como una proporción matemática: mientras más concentremos nuestra atención en lo que el ego ha construido, menos espacio dejamos para que lo divino se manifieste.

Sin embargo, lo más sencillo es lo que más trabajo cuesta. Por eso hemos creado un mundo competitivo, donde decimos «de boquilla» que todos somos iguales, pero pensamos y actuamos de otra forma. Nos sometemos a nosotros mismos a la presión constante de «tener que demostrar algo» o planear mil y una estrategias encaminadas a ganar y a salirnos con la nuestra, al precio que sea.

Demasiada tensión. Demasiada atención colocada en los fantasmas que crea el ego. Reconocer que todo poder viene de lo divino afloja estas tensiones artificiales, y redimensiona nuestra existencia. Centrarse en el silencio interno y, desde ahí, emitir vibraciones de confianza en Dios, es una manera de rescatar y de elevar hacia la conciencia uno de los mayores secretos que nuestra naturaleza divina tiene en el corazón incorporados.

El encuentro con lo divino es un re-encuentro y tiene el sabor de lo ya conocido.

Tenemos el infinito en la palma de la mano y no nos damos cuenta.

Dicen los budistas que la búsqueda de Dios es como andar buscando un buey mientras se cabalga en el mismo buey. Paradojas del juego divino, que uno comienza a percibir en cuanto decide atisbar las múltiples posibilidades que se encierran en este brazo de la Cruz Cósmica del Amor dedicado a situar todas las experiencias que nos acercan al reencuentro con lo divino. Algo que tiene que ver con nuestro *completamiento* como seres humanos; algo que tiene que ver con el camino de retorno, de regreso al centro, de vuelta al hogar.

Hay evidencias de que estos reencuentros se producen en la vida de muchas personas, y donde más fácilmente se pueden apreciar sus huellas es en muchas obras de creación, desde las sinfonías de los grandes músicos a las humildes piezas de un alfarero enamorado de su trabajo. Nos perdemos muchas oportunidades de vivir nosotros mismos estas experiencias donde se roza la presencia divina, porque nuestra estrechez mental nos lleva a asociar a Dios con las religiones y con los ámbitos donde éstas se mueven. Nos limitamos voluntariamente, encasillando lo que no puede ser encasillado.

Algo parecido a confundir la riqueza vital de los océanos con lo que está contenido entre las paredes de cristal de un acuario.

Escritores heterodoxos, pintores agnósticos, músicos profanos nos han dejado en sus obras huellas palpables de su personal encuentro con la trascendencia, de su acceso a esos ámbitos sagrados que nada tienen que ver con ésta u otra religión.

Y no nos olvidemos que la obra de arte no es sólo lo que se puede ver u oír; el auténtico arte es el arte de vivir, y esto se hace día a día, con los materiales más sutiles.

A nosotros nos corresponde ampliar las posibilidades del juego por este recorrido ascendente hacia la expresión de luz y de Amor que asociamos con la presencia divina. A fin de cuentas, se trata de establecer la conexión entre algo que todavía está en nosotros y que *nos religa con el tiempo sin tiempo en que fuimos en Dios por completo.*

Todos compartimos la misma vocación, que nada tiene que ver ni con las habilidades ni con el talento ni con la formación académica. Un indio del Amazonas, una profesora de Oxford, un jubilado australiano y un niño de Indonesia comparten el mismo patrimonio: la vocación de luz y de Amor impresa en su dimensión espiritual. La manera de acceder —o de darle la espalda— a este espacio interno es lo que varía.

Mantener esta vocación u olvidarla es cosa de uno. Como también lo es el que se desarrolle o se obstruya para siempre.

El patrimonio espiritual que nos aporta la chispa divina incorporada en cada persona está en todos. Pero lo que hagamos o lo que dejemos de hacer con ella, sólo depende de nosotros. Ahí reside el secreto de la jugada más importante que podemos hacer en toda nuestra vida.

Otras sugerencias para el juego

Cuatro direcciones en el tiempo y en el espacio; dos sentidos, uno horizontal y otro vertical, para representar de la forma más sencilla posible nuestras áreas de actuación en la vida, la que nos relaciona con los demás y la que nos recuerda nuestra vocación de luz y de Amor. Y un quinto punto: ese que nos representa y que está simbolizado por la figura humana, en el centro justo de ese cruce de caminos donde confluyen las cuatro direcciones.

Esta figura ya arquetípica, inspirada en el dibujo de Leonardo da Vinci, representa al *jugador*. Hombre y mujer. A uno mismo, si decide aceptar la propuesta de ordenar su espacio vital de acuerdo con lo que sugiere el tablero imaginario de la Cruz Cósmica del Amor. Un tablero-espejo que puede recoger todos los movimientos que realizamos en nuestra vida, tanto externos como internos.

Este lugar central es siempre nuestro punto de partida y de regreso; de hecho, es el único real. Somos nosotros, y es también el aquí y ahora que estamos viviendo. Éste es nuestro escenario y nuestro laboratorio particular, donde podemos transformar todas las vivencias y destilarlas hasta que se conviertan en esa *quintaesencia* tan buscada por los alquimistas. El campo de operaciones es quien eres ahora mismo y las circunstancias que te rodean.

Nuestro proceso interior está encaminado al encuentro de lo divino que está en nosotros y a la fusión con la fuente de donde mana todo Amor. El primer capítulo de este libro hablaba de montar en bicicleta como una alegoría para recuperar los movimientos espontáneos, y a lo largo de las páginas siguientes se ha sugerido la posibilidad de *desaprender* y de explorar los caminos del disfrute y la alegría en lugar de internarse por los senderos del sufrimiento. Todo en conjunto es una llamada a recuperar lo que de inocente pervive en nosotros.

A Dios no se le encuentra añadiendo nada. Cuando nos olvidamos de lo que *creemos* que somos, aparece lo que *realmente* somos. Se trata de quitarle capas a la cebolla, para llegar a su centro más puro. Y sin embargo, al vivir, hacemos justamente lo contrario: cada vez añadimos más y más cosas, más y más conceptos, más y más capas de sedimento material que nos aprisionan y nos embotan. Las experiencias de lo vivido nos atrapan y nos fosilizan, porque no son digeridas de forma natural, como hace el estómago sano con los alimentos: extraer lo que le sirve y eliminar el resto.

Hemos complicado demasiado las cosas y ya no nos resulta fácil experimentar aquello que no tiene nombre. Nos sentimos demasiado agobiados por nuestras propias incapacidades, pero esto también puede ser una trampa, porque nos justifica para quedarnos paralizados. Vivir no es demasiado complicado, si nos regalamos la oportunidad de renacer cuando sea necesario cambiar algunas cosas.

Ése es el propósito de la Cruz Cósmica del Amor: por medio de la forma especular, podemos reordenar nuestra vida y hacerla más consciente. En estas páginas hemos esquematizado al máximo las posibles jugadas y solamente se han dado las indicaciones básicas para que cada cual inicie por sí mismo su propia secuencia de los movimientos. Pero quizá más adelante, si así lo consideran oportuno los lectores, podamos desarrollar un juego más convencional, con tablero de cartón, fichas y cartulinas donde se indiquen los movimientos a realizar. Queda la posibilidad abierta, y agradeceríamos que nos hagáis conocer vuestra opinión al respecto.

El poder de la oración

A la hora de iniciarse en esta perspectiva lúdica del juego cósmico del que nuestra vida actual es protagonista, una certeza nos anima: no estamos solos, y no somos compartimentos estancos, aislados de las corrientes de la vida que transportan el hálito del Amor.

Simplificar la visión que tenemos de nosotros mismos puede ser un buen punto de referencia para exprimir el jugo de lo que vamos viviendo. Es un paso importante para permitir que emerja nuestra dimensión espiritual. Al hacerlo, implícitamente, aceptamos y posibilitamos que Dios actúe en nosotros.

Y además tenemos ayudas. Miríadas de manos invisibles se tienden hacia nosotros. Están a nuestro alrededor, constantemente, y son bien evidentes si nos situamos en la actitud interior adecuada para verlas.

«Si te sientes mal, dirígete al Señor.» Éste es el estribillo de una conocida canción de Franco Battiato, que persuasivamente sigue diciendo: «Créeme, somos nada, míseros arroyos sin fuente.»

Un experto en electrónica diría que se trata de un problema de mala conexión. La oración (sacudiendo convenientemente el polvo acumulado sobre este término) puede ser una eficaz manera de que la conexión y el contacto se restablezca.

No nos han enseñado a rezar, como tampoco nadie nos ha enseñado a hacer un arte del vivir. Quizá sea porque esto no es posible, al menos de manera directa. Uno mismo es el que tiene que ir aprendiéndolo, incorporándolo en sus registros internos.

Nada auténtico es susceptible de ser *enseñado,* pero todo puede ser *despertado.*

Éste es el tipo de ayuda que nos puede ofrecer la oración, en cuanto pulsamos esta tecla en nuestro ordenador interno. Sospecho que sólo somos capaces de apercibirnos de un reducido número de indicaciones, quizá más que suficientes para encontrar, en un momento de crisis, la pista que nos sitúa en la dirección adecuada. Cuando se formula la pregunta adecuada, el poder del Amor responde de forma precisa, a través de los signos y las señales que esparce a nuestro alrededor con una precisión casi matemática.

El problema surge cuando la petición no es la correcta o la pregunta no está suficientemente clara en nuestros corazones. Entonces no podemos esperar ayuda para algo que nos desvía de nosotros mismos.

Damos por sentado demasiadas cosas, y la oración justamente se encamina a pedir refuerzos para que esto no suceda.

La ayuda llega cuando la petición brota del corazón y no del ego. Por eso es tan importante definir, ante nosotros mismos, lo que realmente necesitamos. El objetivo de la búsqueda debe ser precisado, condensado y resumido en la intimidad de uno mismo antes de lanzarse a pedir que nos sean dados los medios para satisfacer unas demandas que poco o nada tienen que ver con nuestra auténtica evolución interior.

Pero siempre, en cualquier situación, conviene tener presente que contamos con una fuerza extra, con una ayuda adicional que siempre entrará en juego a favor de nosotros mismos, cuando así lo pidamos. Porque muy a menudo nos sucede como al chico de la siguiente anécdota, que intentaba levantar una pesada piedra.

—¿Estás utilizando toda tu fuerza? —le preguntó su padre.

—Sí —respondió el chico, bañado en sudor y desanimado por lo inútil que le parecía su esfuerzo.

—Te equivocas. No me has pedido que te ayude.

Rezar, ¿qué es eso?

Con el sentido real de lo que es rezar nos pasa como con tantas otras cosas; es necesario que empuñemos un plumero imaginario para desempolvar muchos tópicos si queremos ver lo que hay debajo realmente. Generalmente se piensa que rezar es algo inútil; de la sordera y la mudez de Dios se ha dicho y escrito mucho, como si fuera un interlocutor autista.

Otra idea muy común es que el hecho de que rezar está asociado con las religiones establecidas. Así que quien no profesa ninguna religión ni se plantea siquiera lo de rezar. Quizá porque no se tiene claro lo que es la oración; no es una repetición mecánica de una serie de frases, ni tampoco es un monólogo interno que pronto se interrumpe y se olvida al no encontrar respuesta inmediata.

La oración es un puente entre el propio corazón y el latido constante del corazón del Universo. No necesita mediadores. Y hay muchas formas de rezar. Meditar puede ser una de ellas, porque desde el silencio interno nos religamos con la chispa divina que está en nosotros. Pero a veces la vida, cuando nos coloca frente a una situación extrema, hace que brote, espontánea, una oración tras un torrente de lágrimas.

Margarita es enfermera y periódicamente tiene que atender las urgencias que llegan a la clínica donde trabaja. Ella me contó que un día, viendo cómo una mujer lloraba y maldecía cuando se enteró de que un accidente de coche le había arrebatado la vida a su hijo adolescente, se dio cuenta de lo que es la oración.

Esta madre, en plena crisis nerviosa, no cesaba de gritar:

—¡Os odio! ¡Os odio a todos! ¡Nada me importa ya! ¡Quiero morirme!

Y comenzó a llorar con más fuerza. A medida que las lágrimas iban cayendo, ese «os odio» se convirtió en un «ayudadme, os necesito».

Margarita cuenta que entonces sintió un fuerte impacto interno, inusual en alguien que, por su trabajo, está acostumbrado a las escenas dramáticas. Pero algo resonó en su interior y comprendió: aquella mujer había empezado a rezar. Estaba pidiendo la comprensión que le faltaba, la fuerza que necesitaba para seguir adelante tras aquella pérdida irreparable. Estaba rezando.

Kierkegaard, el filósofo, escribió que la oración no cambia a Dios, pero cambia al que la reza.

La oración puede surgir desde el dolor, pero también nace de la alegría. Va muy aparejada con la fe, ese activador del potencial inmenso que yace, como la Bella Durmiente del cuento, en el fondo de la mente humana, esperando ser despertado.

Ese despertar suele estar provocado por la necesidad. Cuando una necesidad urgente surge en nuestra vida y nos toca en la fibra más sensible, todo ser humano es capaz de hacer proezas que antes ni siquiera hubiera imaginado.

Pero ¿es necesario esperar a que algo muy doloroso ocurra para sacar de adentro la fuerza de esa fe capaz de mover montañas?

Decimos a menudo, al referirnos a algo extraordinario, que si no lo hubiéramos visto con nuestros propios ojos, no lo hubiéramos creído. Y en realidad es justamente al revés: si no lo hubiéramos creído de todo corazón, no lo habríamos visto. La fe también actúa sobre el plano inmediato de la realidad más próxima.

Los trajes de Bernard Shaw

El abrirnos internamente a nuevas posibilidades trae aparejado el que estas nuevas posibilidades aparezcan en nuestra vida.

El tablero de nuestro juego vital es infinitamente más amplio de lo que nos empeñamos en suponer. Pero las creencias determinan la realidad, y por eso somos lo que pensamos. Budismo, judaísmo e hinduismo tienen una coincidencia asombrosa en esto.

Siguiendo una inercia de siglos, los legisladores religiosos siempre buscan todo lo que separa, en lugar de encontrar lo que une. Por eso, pocas veces se recuerda que en el *Talmud* está escrito lo siguiente: «No vemos las cosas tal como son, sino tal como somos.» Y que en el *Bhagavad Gita* se dice: «El hombre está formado por sus creencias. Es como cree.» También Buda lo dijo muy claramente: «Todo lo que somos es fruto de lo que pensamos.»

La memoria es selectiva, al igual que la atención también lo es; depende de la tecla que pulsemos para que la respuesta esté en consonancia con lo buscado.

La inercia nos hace reducir las dimensiones de nuestra percepción; nos encajona en márgenes estrechos. Nos hace obviar y dar por hecho casi todo, y por eso lo que nos deparan las corrientes del Universo se corresponde exactamente con el molde que ya habíamos prefijado anteriormente. El poder de la mente no es algo nuevo que acaban de descubrir los divulgadores de las tendencias de la Nueva Era. Es algo tan antiguo como el ser humano, y ya fue formulado con precisión hace muchos siglos. El empeño en no darnos cuenta de lo obvio nace de la ceguera interna. Y para activar la capacidad de ver y de aprehender lo que la vida constantemente nos ofrece, hay que cambiar desde adentro. Empezando por lo más sencillo, como el sastre de Bernard Shaw, que, según el gran dramaturgo, era la persona que mejor lo conocía, porque cada vez que lo visitaba le tomaba de nuevo las medidas.

—Los demás —decía Shaw—, siguen juzgándome según las viejas proporciones que tienen acerca de mí.

El dar por sentado algo, sobre uno mismo o sobre los demás, es una forma de limitar y petrificar.

La vida es cambio y movimiento. El Amor ensancha y hace fluir: conectar con sus corrientes puede propiciar cualquier milagro.

Pero a pesar de que tratemos de evitarlo, tendemos a dar la imagen que los demás tienen de nosotros. Imitamos el reflejo de nosotros mismos en sus ojos y el eco de nuestras palabras en su voz.

Por eso resulta tan difícil reconstruir unas nuevas relaciones allí donde se instauró la desconfianza, el odio o el malentendido.

El otro sigue juzgándonos con el mismo rasero, y nosotros tendemos a adaptarnos a ese molde que nos es proyectado.

En esta situación, a nosotros nos corresponde mover ficha, es decir, mantener el tiempo suficiente y con la suficiente insistencia el reflejo de la nueva persona que somos, aguantando todo el tiempo que haga falta hasta que, por fin, surja un nuevo diseño de relación.

La frágil porcelana de las relaciones

Odio y dolor no están demasiado lejos en el espectro de lo que conocemos como emociones negativas; una de las razones por las que las personas se aferran tan obstinadamente a sus odios es porque intuyen que, si el odio desaparece, se verán obligados a enfrentarse al dolor.

Franz Kafka escribió que el odio del adulto es la petrificación del gesto de dolor de sí mismo cuando era niño. Ahora podemos escoger. Ahora podemos sanar todos los sentimientos congelados por el dolor en nuestra infancia. Que no paralicen nuestra acción desde el Amor esa sucesión de imágenes que pertenecen a la oscuridad del miedo y del rencor.

Una buena forma es cuidar, como si fuera una planta delicada, el amor que profesamos a las personas próximas. Porque el amor nunca muere de muerte natural, sino que se seca porque no sabemos cómo volver a colmar su fuente. Se agota el amor por la ceguera, por los errores y por las traiciones. Muere agostado por deslealtades y egoísmos. El amor humano muere de enfermedad y de heridas, de cansancio, de empañarse, de marchitarse. Una relación es un tesoro que debe tratarse con sumo cuidado. Es frágil como la más fina porcelana, y como ésta, cuando se quiebra, aunque se peguen los trozos y las uniones no puedan distinguirse, jamás volverá a ser tan bella como lo fue al principio.

En las discusiones, cuando realmente se gana es cuando se empata. Quien cree que es el único que tiene razón, suele estar convencido de que también es el único que tiene la facultad de razonar correctamente y que es dueño de sus actos y de sus emociones... Alguien así, tan encastillado en su perfección, en realidad no es nada. Cuando se le conoce bien, resulta estar vacío.

Nadie puede erigirse en legislador de la vida para dictar sentencias y calificar de bueno o malo lo que cree ver en los demás, sin darse cuenta de que la mayoría de los datos reales se le escapan por los agujeros de la percepción. Eligen ver todo aquello que les separa, y la brecha se hace cada vez más grande. Si se apuesta por reforzar todo lo que une, la malla luminosa del Amor se hace más consistente, más firme. Entonces se empieza a percibir de otra manera, y entonces suceden cosas importantes. Cada cual debe experimentarlas por sí mismo, pero quizá sea útil citar las palabras de Walt Whilman, cuando decía que:

> Veo a Dios en los rostros de los hombres y de las
> [mujeres,
> y en mi propio rostro en el espejo.
> Encuentro señales de su presencia rodando por la
> [calle,
> y reconozco su firma en las notas que aparecen por
> [doquier.

La Verdad del Amor está en todas partes. Sólo hace falta quitarse unos cuantos filtros para empezar a verlo.

Puertas y ventanas

Y, sobre todo, para entrar en acción desde dentro. El salto evolutivo es una opción que debe hacerse realidad. Ya no es momento de asomarse a las ventanas, sino de franquear puertas.

Las ventanas son pasivas; las puertas activas. Desde una ventana podemos ver lo que ocurre quedándonos al margen, pero al atravesar una puerta participamos activamente de lo que sucede al otro lado.

El simbolismo nos dice que, cuando soñamos con una casa, estamos representado la imagen de nosotros mismos, de nuestro espacio interior. El lenguaje del subconsciente se vale de esta forma gráfica para expresar la relación analógica entre la planta superior y la conciencia, el sótano y los instintos, o la cocina como marco de las trasformaciones físicas y psíquicas.

Puerta y puente tiene mucho en común; son representaciones de una transición, del paso de un lugar a otro.

La puerta cerrada nos evoca la existencia de un secreto, de una prohibición. La puerta abierta invita a traspasarla, o significa también que un secreto se desvela. Muchos piensan que éstos son los tiempos del Apocalipsis bíblico. Recordemos que este término significa *revelación*. Quizá algo se esté *revelando* ahora, y la puerta que conduce a un nivel evolutivo más alto para la Humanidad esté abriéndose. Esta apertura lleva aparejada la entrada en otros niveles de conciencia. Y este proceso comienza en el interior de uno mismo: ahí es donde deben producirse los ajustes necesarios para no quedarse asomados a la ventana, colgados de su alféizar.

La puerta abierta implica descubrimientos. Hace dos mil años Cristo abrió una puerta para los seres humanos.

Quizá ha llegado ya el tiempo de franquearla.

El Amor nace de la acción. Si no se actúa en él y desde él, sencillamente no existe para nosotros. Somos viajeros del tiempo y del espacio, y esta Tierra donde vivimos es la nave interestelar a bordo de la que viajamos para reencontrarnos con nuestro destino cósmico.

Tiempo de encuentros

Está llegando a su fin el proceso de búsqueda y comienza el del encuentro. Para prepararnos individualmente, tal vez resulte de utilidad el comenzar a modificar nuestra actitud interior ante la vida. Sabemos que no podemos cambiar un hecho y quizá tampoco unas circunstancias, pero siempre podemos cambiar la actitud con que las vivimos. Abrirnos a las siguientes posibilidades es permitir que comiencen a actuar en nosotros ciertas claves vitales para el buscador que quiere encontrar.

Se trata de cosas sencillas, pero hay que probarlas si se quieren comprobar sus efectos. A veces, actuar en dosis homeopáticas moviliza una serie de reacciones en cadena que llevan a resultados impensables. Las claves que proponemos para entrar en acción y propiciar el encuentro con el Poder del Amor son siete, y pueden enumerarse así:

Agradecer. Atención. Intención. Recuerdo. Resonancia. Abandono, Actitud interior.

■ *AGRADECER*

Es la fórmula que fusiona dar y recibir.

Se puede dar las gracias de muchas maneras; cuando agradecemos a los demás, estamos detectando algo positivo en el comportamiento de los otros, y, al reconocerlo, se lo hacemos ver a ellos también. Agradecer el hecho de estar vivos es hacernos conscientes del regalo que supone vivir. Dar las gracias silenciosamente, desde el corazón, es lanzar una invitación para que el Universo nos corresponda en la misma frecuencia; en realidad, es una de las formas más puras de oración que existen. El «pedid, y se os dará» adquiere, con el reconocimiento de todos los instantes hermosos que hay a nuestro alrededor en cualquier momento, una nueva dimensión: la de atraer más y más belleza, más y más armonía y plenitud a nuestras vidas.

Cuanto más agradecimiento damos, más cosas positivas recibimos.

Y se puede hacer en cualquier momento, en cualquier lugar: hay que emplear la imaginación y no limitarse a dar las gracias como un acartonado formulismo social. La vida nos hace muchos regalos, y estar abiertos para percibirlos nos enriquece y activa nuestra capacidad de decir, desde adentro, *gracias*.

Subir en un ascensor da lugar a curiosas reacciones que se disparan en apenas un minuto: la proximidad con personas extrañas, forzadas a estar temporalmente muy juntas en un pequeño espacio, hace que casi todos «pongan cara de póquer» para disimular el pequeño impacto que supone esa invasión forzosa de la intimidad.

Volar en avión es lo mismo que subir en un ascensor: los pasajeros son extraños que no hablan entre sí, pero que comparten un reducido espacio juntos. Si el vuelo es transoceánico, la «cara de póquer» no se puede mantener durante tantas horas y con un poco de atención, se observan reacciones curiosas.

Uno de los vuelos más largos, sin escala, es el que se realiza por la ruta polar; cuarenta personas de distintas nacionalidades convivimos, sin dirigirnos la palabra, en el interior del avión durante más de veinte horas seguidas.

De pronto sucedió. Muchos estaban todavía arrebujados en sus mantas; algunos se habían despertado para irse a fumar un cigarrillo a la parte trasera del avión; otros permanecían escudados tras los antifaces para evitar la luz eléctrica de los asientos vecinos. Habíamos estado volando durante horas en la profundidad de la noche ártica. Entonces sentí que algo electrizante estaba sucediendo. Varias personas miraban fijamente por las ventanillas de un costado del avión. Se oían murmullos excitados. Una sensación de asombro se hizo casi palpable.

En el espacio infinito estaba apareciendo el sol... un tenue y creciente milagro de luz derramándose sobre las nieves eternas de Polo Norte. El blanco intenso era fuego frío, envuelto en llamaradas refrescantes de azules, naranjas, malvas y oro.

La gente se miraba y sonreía entre sí. Se sonríe igual en cualquier idioma, y por eso, durante esos instantes, todos fuimos cómplices y amigos por unos instantes, mientras compartimos juntos el amanecer desde esa habitación colectiva que es un avión en vuelo. Flotaba una atmósfera de alegría que era agradecimiento interno por salir de las tinieblas y encontrarnos inmersos en la luz.

Cuando la claridad del nuevo día, ya rotunda y plenamente manifestada, invadió el interior del avión, todos regresaron a sus asientos. De nuevo éramos extraños. Simples pasajeros que se dirigían a su destino, cada uno con un propósito diferente.

Comenzaron los viajes a los servicios, la petición del desayuno a las azafatas, la consulta a la agenda, la rigidez con que se comportan entre sí los desconocidos. Todo había terminado, pero mientras duró, los rostros de mis vecinos de viaje fueron hermosos. Y estoy segura que, en ese instante del amanecer, fuimos muchos los que dijimos *gracias* desde lo más profundo de nuestro corazón.

■ *ATENCIÓN*

La atención permite ver, más allá de las apariencias.

Cuando proponíamos viajar en el tiempo, hacia atrás y hacia delante por los dos trazos horizontales de nuestra Cruz Cósmica del Amor, estábamos despertando en nosotros el personaje del *observador*. Alguien que somos nosotros mismos, pero que no se implica en lo que ve. El observador o el testigo se alimenta de la atención, que es «el darse cuenta» de manera inafectada. Sin enredarse en las cargas de profundidad que estallan desde las emociones o los deseos. La atención sobre nosotros mismos permite sanar el pasado y construir el futuro, «si hace sin hacer», como sugiere el Tao. Con la atención, la mente ha de fluir como el agua, reflejar como un espejo, y responder como un eco.

Cuando la atención se pone en marcha, no aferra nada y no rechaza nada. No se identifica con nada. Simplemente, observa.

Mi amiga Judith es judía, y su infancia la pasó con sus abuelos, quienes vivieron el horror nazi fuera de Alemania, porque la casualidad les había llevado a realizar un viaje de recreo antes de que estallara la guerra. Sus padres no tuvieron tanta suerte, y murieron en el holocausto, después de una serie de dramáticos acontecimientos.

Judith me contó una vez que sobrevivió a todos los traumas de su infancia gracias a la «pequeña Judith». Un personaje que se inventó a los cuatro años, que era ella misma pero en pequeño, como si fuera una muñeca, y que ella situaba imaginariamente encima de su hombro.

—Cuando algo terrible sucedía, yo me acordaba de la pequeña Judith. Entonces la visualizaba y la veía tranquila, observando. Eso me confortaba extraordinariamente. Pasara lo que pasara, ella se limitaba a observar atentamente. Se daba cuenta de todo: de lo que yo sentía, de lo que decía, de si tenía ganas de gritar, de si mis labios comenzaban a temblar antes de echarme a llorar... —me explicó una tarde mi amiga, mientras paseábamos por el jardín de su nueva casa—. Era una parte de mí, y ahora comprendo que lo utilizaba como defensa para la desesperación, pero no sabes lo útil que me ha resultado a lo largo de toda mi vida.

—¿Sigue encima de tu hombro? —le pregunté.

—Por supuesto. Nunca me ha abandonado. Y te diré una cosa: gracias a la pequeña Judith, cuando comencé a escribir, ya de mayor, he podido hacer de todas mis experiencias, buenas y malas, un auténtico filón de inspiración para mis libros. Ella es la que me ayuda a observar lo que ocurre a mi alrededor con otros ojos, y ella es la que me ha permitido desenredarme del odio y de la oscuridad de mi pasado de refugiada judía.

Puedo asegurar que la calidad humana de Judith sobrepasa la media; su talento y su despierta sensibilidad le han llevado a ser una escritora de primera fila, que goza de un bien ganado prestigio y reconocimiento. Una consecuencia no buscada de su capacidad de atención, que ha afinado las cuerdas de su percepción gracias a esa «pequeña Judith» situada sobre su hombro, que sigue observando con atención inafectada todo lo que la vida le depara.

Un buen ejemplo de que el sufrimiento, en sí, no es purificador, como dicen los budistas. *Es la señal de que se ha puesto en marcha un proceso purificador,* en el que la atención es la clave para que la alquimia interior se produzca.

■ *INTENCIÓN*

La intención carga de energía e imprime la dirección hacia todo aquello que la atención ha fijado previamente.

Es como la flecha que lanzan los arqueros. Antes de ser proyectada, *ya está en el blanco de la diana*. He visto disparar en Japón a arqueros que reviven, una vez al año, un antiguo rito. Cabalgando a gran velocidad lanzan, uno por uno, su flecha sobre el centro de una diana suspendida en el tronco de un árbol lejano. En la ocasión en que pude verlo, ni uno sólo de los diez arqueros falló ninguno de los tiros. Es imprescindible decir que estos arqueros no eran monjes, ni guerreros entrenados para y por el arte del tiro con arco, sino hombres normales y corrientes que, eso sí, vivían durante todo el año acompasando sus obligaciones cotidianas con la fecha en que el gran festival se celebraba.

Cuando terminó, hablé con uno de los participantes. Vestía las ropas tradicionales, y me dijo que tenía setenta y tres años. Su condición física no era muy buena, y me lo confirmó hablándome de sus achaques. Llevaba gruesas gafas, y para la ocasión se las había sujetado con un elástico atado a las patillas que le recorría la nuca.

—No sabría estar sin las gafas —me dijo riéndose—, aunque en realidad no me sirven para nada en este «matsuri», porque no miro ni al blanco ni a la flecha. Sólo lanzo.

—¿Y cómo se entrena durante el año?

—Monto a caballo todos los días, y también practico con el arco. Pero hace mucho que estoy jubilado, y en realidad mi entrenamiento es interno más que físico.

Ante mi expresión perpleja, el anciano continuó, riéndose mucho de mi interés por saber más sobre su forma de prepararse.

—Durante todo el año, mientras hago mi vida normal, veo con los ojos de la mente cómo mi flecha llega hasta donde tiene que llegar. La intención que pongo en todos mis actos la relaciono con la flecha:

deben orientarse hacia la dirección correcta. Y una vez al año, en este festival todas esas intenciones se materializan en la flecha que usted ha visto clavarse en el blanco.

La intención dirige la acción.

La intención sin acción no es nada. Claro que a veces, conviene revisar lo que entendemos por acción: no es tanto hacer cosas, como imprimir a cada cosa la dosis de consciencia suficiente.

La intención es la cuna del hecho.

Gracias a la intención, las personas canalizan y dirigen su energía hacia el mundo o hacia una acción específica. No confundir con la *fuerza de voluntad,* que en Occidente concebimos exclusivamente con un esfuerzo angustioso y doloroso que no guarda ninguna relación con la verdadera voluntad, ni mucho menos con el concepto mucho más sutil que expresa la palabra *intención.*

Intención es pretender hacer algo, elegirlo, quererlo, dirigirse hacia ese algo: es todo eso (que implica la utilización de la voluntad) y «algo más». *Es el compromiso personal que uno establece con ese algo.*

La intención es una forma de imprimir energía, que hábilmente moldea las circunstancias, haciendo que lo imposible se vuelva posible. Tenemos que aprender a utilizar la energía de la intención de una forma eficiente y efectiva.

Hay un cuento que narra la historia de una princesa, encerrada en una torre muy alta y sin puertas: un lugar completamente inaccesible. Al pie de la misma estaba el consabido príncipe que aparece en todos los cuentos, desesperado porque no veía forma de llegar hasta su amada para rescatarla.

¿Cómo se las arreglarían para estar juntos? Atacar directamente la torre era imposible; los muros eran infranqueables, lisos como un cristal, y ninguna escalera podía llegar hasta allí arriba. En una caída libre, la princesa se estrellaría contra el suelo, muriendo irremediablemente. Hasta que ella tuvo una idea y se la gritó a su amado por la única ventana de la torre donde estaba prisionera.

El príncipe siguió las instrucciones recibidas y buscó un caracol, al que ató el extremo de un hilo de seda. El animalito subió poco a poco hasta el lugar donde estaba esperando la princesa. Ella desató el hilo y comenzó a tirar de él. Entonces el príncipe ató una cuerda fina al final del hilo de seda.

Cuando ella agarró la cuerda, el príncipe ató una gruesa soga al final de la cuerda. De esta forma, cuando ella cogió la soga, pudo escapar y reunirse con su amado.

Lo esencial de esta historia es que, de una forma muy hábil, se evitaron la frustración y el fracaso del esfuerzo inútil que hubiera sido intentar derribar el muro o conseguir que una soga gruesa llegase hasta aquella altura. Trabajaron su intención en un delicado y sutil nivel, actuando con sensibilidad y flexibilidad. Así, encontraron el camino más fácil, que nunca habrían podido ver desde otro enfoque. En los textos clásicos del Ta'i Chi se dice que «la intención dirige el ch'i; el ch'i dirige el cuerpo».

El **ch'i** (energía universal) se convierte en una flecha que siempre da en el blanco cuando la intención correcta lo dirige.

Aquel que dijo que el camino del infierno estaba empedrado de buenas intenciones debe estar ya tostándose en las parrillas del averno; seguramente confundió la «buena intención» con la «hipócrita intención».

■ *RECUERDO*

Éste es un planeta de amnésicos; estamos aquí para aprender a recordar.

Fuimos lo que seremos.

Siempre que abordo el concepto de *recuerdo,* no puedo evitar asociarlo con el futuro. Suena paradójico y, por supuesto, contradictorio, pero el caso es que sucede. Debe tratarse de alguna conexión especial, inexplicable para quien esto escribe, pero no por ello menos real.

El *recuerdo* que aquí se menciona nada tiene que ver con la memoria humana, esa red llena de peces cuando la sacamos del arroyo del tiempo, pero a través de cuyos agujeros pasan miles de litros de agua sin dejar rastro.

El *recuerdo* se produce cuando se integran las cuatro fases de la Cruz Cósmica del Amor: la persona que recuerda es la que ha vivido en sí misma cuatro grandes periodos —intraducibles a nuestro concepto humano de tiempo— y ha asumido la responsabilidad de esta esencia contenida en el gran aprendizaje espacial, integrándola en si misma. Estos cuatro grandes periodos pueden simbolizarse por los cuatro trazos de la cruz imaginaria, que también puede ser una representación simbólica de ciertas eras vividas por la Humanidad colectivamente e impresas en nuestra memoria genética, y desarrolladas, a su vez, en la propia vida individual. Lo que conocemos.

La experiencia del recuerdo es inefable. Es algo personal, único e intrasferible, pero al mismo tiempo es experimentada por muchos. Quizá tú mismo tengas *recuerdos de un futuro olvidado;* no te preocupes si no lo entiendes: es algo intraducible al lenguaje común. Si alguna vez experimentaste esta clase de recuerdos, sabes que es mejor revivir esta vivencia íntima sin tratar de empequeñecerla metiéndola en el molde de las palabras: es imposible poner etiquetas sobre las alas de una mariposa en vuelo, porque cesa el vuelo, el animal sufre y las alas se deshacen entre los dedos como el recuerdo celeste de una evocación sideral.

Los seres humanos somos un híbrido simbólico entre los topos y los pájaros. Tenemos vocación de luz y de espacio, pero nos movemos habitualmente en túneles oscuros, por donde avanzamos casi ciegos.

El recuerdo es el aliento que nos rescata de los surcos profundos creados por el automatismo y la incercia.

Esta clase de recuerdos no pertenece al pasado, porque está fuera del tiempo. Igual que ciertas pistas antiguas que están sembradas desde hace milenios en este planeta. Cuando asoma este tipo de recuerdos, la unidad psicofísica que somos cobra una dimensión extraordinaria: aparecen datos y referencias concretas de las infinitas posibilidades que están encerradas en nosotros, y uno comprende (aunque no lo entiende) que disponemos de un avanzadísimo sistema bioquímico y electrónico... pero que únicamente lo aplicamos a resolver problemas de sumar con dos cifras. Somos como un mono adiestrado para pulsar siempre las mismas teclas en el tablero de un super-ordenador.

Este *recuerdo* asoma tras una cortina de agua, lo trae el viento venido de no se sabe dónde. Cabalga sobre las nubes y se hace visible en un rayo de sol, cuando atraviesa el cristal de la ventana. Es intenso como el aroma de una flor salvaje, pero se evapora con la misma rapidez. Entonces, uno se reconoce topo, pero siente con más fuerza que nunca su vocación de pájaro dejándose volar por las corrientes aéreas.

Cuando aparece el hálito del recuerdo, siempre coincide con que la mente está vacía de ideas y de pensamientos. Entonces emerge, se instaura y dibuja en el espacio diseños en escorzo de otros mundos que alguna vez fueron nuestros. En esos instantes, el recuerdo es una secuencia exacta que nos orienta hacia el restablecimiento de un plan cósmico olvidado, donde el Amor y la luz son los ingredientes eternos. Los símbolos sugeridos encajan, el *clic* se produce, y todo se desvela como una nítida fotografía que sale, clara y precisa, tras el proceso del revelado químico. La revelación tiene mucho que ver con la transformación de un borroso negativo en blanco y negro en una imagen llena de color y de detalles que antes nos habían pasado desapercibidos, y que reconocemos alborozados.

Esta alegría proviene de comprender la magnitud de la tarea: toda Humanidad ha de conocerse a sí misma plenamente, a fin de ser ella misma, recobrar su identidad y desarrollar todo lo que está implícito en esas potencialidades dormidas que están insertadas como piezas fundamentales de la estructura de los universos.

Del recuerdo no se puede hablar ni escribir. Sólo compartir la certeza de que «fuimos los que seremos», cuando se desvanezca este espeso sueño que todo lo emborrona.

Una manera de despertar, además de las formas de la arquitectura sagrada, de la música, y de las representaciones simbólicas de los mitos, es el *juego*. Los niños han sido, durante milenios, los transmisores del recuerdo... y lo han hecho con una admirable fidelidad. Su intención, cargada de acción y desprovista del deseo de poseer nada, ha hecho posible el milagro. La sabiduría de los juegos infantiles ha sobrevivido a las catástrofes que han destruido los templos, las bibliotecas, las castas sacerdotales...

En el *juego* se encierra el secreto de los mundos. Los niños que juegan son los portadores inocentes del recuerdo.

Los adultos que juegan, desde la luz de su conciencia, lo recuperan y lo integran.

■ *RESONANCIA*

La resonancia es el reencuentro con la chispa divina presente en todo lo que está vivo.

Es el eco de lo que está dentro, reflejado en lo que existe.

La resonancia es un reconocimiento. Tiene mucho que ver con el recuerdo.

La capacidad de experimentar la resonancia está en relación directa con la evocación de la esencia de uno mismo, que también está dispersa y presente en los otros. Suele aparecer de forma especular, cuando vemos el reflejo de lo que somos realmente en alguien o en algo: entonces comprendemos que todos compartimos la misma esencia, que formamos parte de una Unidad de luz y que la separación no es más que otra broma pesada inventada por nuestro ego.

El fenómeno de la resonancia obedece a una ley cósmica. Es operativo y eficaz, cuando uno se toma la molestia de ver con qué precisión actúa.

Algunas personas están dotadas para activar en otras el recuerdo, y entonces la resonancia se convierte en un medio para que el completamiento se produzca. Una palabra leída al azar, un concepto expresado en el momento adecuado para quien lo percibe, y el *clic* surge. El detonador para que se activen contenidos internos se ha puesto en marcha. El encaje de las piezas se produce. Algo que estaba navegando por las aguas brumosas del inconsciente emerge y toma forma. Está ahí, y es sólido y exacto y claro.

La ley de la resonancia ha operado, sirviéndose del canal abierto por el comunicador y por la receptividad sensible de quien está listo para recibir la comunicación.

Al fenómeno de la resonancia se accede por múltiples caminos; si quieres ver cómo funciona, experimenta con lo más sencillo. Por ejemplo, con la manifestación de la alegría. Puedes probarlo en cualquier ocasión en que estés rodeado de personas; verás cómo la expresión sincera de una alegría interna, mantenida durante el tiempo preciso y con la intensidad adecuada, es capaz de acaparar y polarizar hacia sí los estados de ánimos de los otros. Pero igual sucede con la cara oscura de la resonancia: puedes contagiar psíquicamente con el virus del fanatismo, de la violencia, del rencor irracional; recuérdalo para no ser el agente involuntario que insemina a los otros con estas esporas mortíferas.

Si emites en una determinada frecuencia, modulando tus emociones en el sentido que elijas, verás cómo inmediatamente los que están contigo se orientan hacia esa misma dirección surgida de adentro.

Espero que no sientas la tentación de hacer el experimento con el miedo, porque si lo llevas contigo como compañero y dejas caer sus semillas envenenadas, el fruto devuelto será de cien más uno, porque en el terreno abonado de la oscuridad todo crece más rápido, más deprisa y lo hace de forma espectacular.

Los fanatismos y la locura colectiva son siembras sencillas que producen frutos oscuros, pero inmediatos. El mal siempre trabaja con mucha fanfarria, pero el bien se manifiesta en la franja de lo sencillo y lo discreto. Es refractario al calor artificial de la mercadotecnia y de la publicidad masiva; tiene alergia al reconocimiento popular y huye de las situaciones que pueden ser organizadas, tabuladas y manipuladas.

La manipulación más fácil siempre se ejerce cuando se instaura el miedo; desde las sombras, todas las pulsiones humanas obedecen ciegamente a la oscuridad. Una estampida de vacas tiene exactamente los mismos componentes primarios que el fanatismo humano, pero con una diferencia a favor de las vacas: estos animales actúan según les dicta su instinto irracional de supervivencia; por tanto cumplen su función. Pero el ser humano lo que hace es volverse de espaldas al átomo de conciencia que está inserto en él. Se olvida de su función.

Es una simpleza utilizar comparaciones con los animales, porque siempre salimos perdiendo las personas. Ningún animal actúa de forma depravada, sino conforme a su naturaleza. Y no olvidemos que la capacidad de juego y de ternura están también presentes en el reino animal. Comparar lo peor del ser humano con los animales. Sólo sirve como justificación implícita de la crueldad y el abuso que estos seres vivos vienen padeciendo por el supuesto «rey de la creación», que aplica su barbarie desde la prepotencia contra los que no se pueden defender, porque no están en igualdad de condiciones. Gandhi decía que el nivel evolutivo alcanzado por el conjunto de seres humanos que forman una nación puede medirse por el trato que da a los animales.

Hay muchos raseros para medir el desarrollo interno de una población o de un individuo. La sensibilidad de respuesta ante el fenómeno de la resonancia también es un índice fiable. Las claves de la resonancia que despiertan conocimientos dormidos están contenidas en las proporciones de algunas construcciones, listas para ser reconocidas por el buscador.

Pero también están impresas en las experiencias humanas expresadas de múltiples maneras, y para llegar ahí hace falta una especial disposición interna que posibilite el que el ajuste entre lo percibido y lo que yace en el interior se produzca.

Así y todo, este encaje de piezas es muy frecuente. De la intensidad con que se produzca depende el que actúe como motor de un cambio real o que se queda navengando en el espacio abstracto de las impresiones sin forma. En una ocasión recibí una carta donde mi comunicante reflexionaba acerca de la libertad interior, tema del que me había escuchado hablar en varias ocasiones. Él mismo se contestaba al recordar el relato de la experiencia de unos presos que observan cómo la noche cubre el patio de la prisión: unos

escogen mirar la suciedad del suelo, cubierto de papeles y de colillas, y otros eligen mirar hacia las estrellas
que aparecen tras los barrotes.

A este respecto, el fenómeno de la resonancia depende mucho de la elección personal, de la capacidad
de sintonizar con una u otra frecuencia de la banda en
que emiten los seres humanos.

Quizá sirva también para aproximarnos a cómo se
produce la resonancia, el testimonio de alguien que
fue coorperante en una organización no gubernamen-
tal. Tras una serie de aventuras que pertenecen a otra
historia, consiguió el acceso a unas cárceles de un
país del llamado Tercer Mundo, donde muchas personas morían en condiciones penosas sin haber tenido la
oportunidad de un juicio justo. Alguien, que tenía el
inglés como lengua materna, había escrito en una de
las paredes agrietadas de aquellas oscuras celdas este
sobrecogedor mensaje:

Creo en el sol... aun cuando no brille.
Creo en el amor... aun cuando no se manifieste.
Creo en Dios... aun cuando no hable.

Quien lo encontró, grabado sobre la pared agrieta-
da, experimentó la identificación inmediata con quien
lo había escrito.

Y también, como una concatenación de ecos, lo
proyecto y lo recogió, como un bumerán espacial que
llega al mismo tiempo que regresa, en todos los in-
mundos agujeros del mundo que se nutren del sufrimiento y del dolor: esos lugares donde los niños trabajan como esclavos en condiciones infrahumanas,
donde las mujeres sufren mutilaciones genitales para
privarlas de esa parcela de libertad interior que también existe en las relaciones sexuales, donde la gente
muere de hambre y de desesperanza. La lista se haría
interminable, porque el catálogo de los horrores tam-

bién es alarmantemente largo. Y la resonancia puede surgir de la poesía, pero también de la miseria: ahí se convierte en identificación con el que sufre.

Nos recuerda a todos que todos estamos hechos de la misma sustancia, y que ningún dolor, ninguna injusticia nos es ajena.

Mafalda, esa niñita creada por el dibujante Quino, decía desde sus tiras cómicas que «me duele el mundo», cuando escuchaba los noticiarios. A todos los que somos capaces de experimentar el fenómeno universal de la resonancia también «nos duele el mundo», aunque también tengamos la oportunidad de crecer y expandirnos en la alegría, al comprobar cómo la resonancia actúa en su aspecto positivo, creando y consolidando las redes del poder del Amor.

Quien esto escribe disfruta constantemente de un regalo muy especial que nunca será agradecido por completo: a través de mi trabajo de comunicación, la vida me da la oportunidad, una y otra vez, de comprobar que la resonancia funciona en tantas y tantas personas que, ya sean lectores, oyentes o asistentes a seminarios y conferencias, constituyen una muestra de esa avanzadilla capaz de abrir las puertas del futuro. Y al dejarlas abiertas, otros muchos más podrán pasar con menos esfuerzo.

Es de justicia matizar que el fenómeno de la resonancia es un «feedback» que siempre tiene dos direcciones. En mi caso personal, nunca he podido valorar quién aporta más: si la persona del público que encaja unas piezas en su interior sirviéndose del detonante de unas palabras que «le resuenan» y activan su propio conocimiento, o yo misma, que contemplo tan a menudo el milagro de ver cómo en mis propios territorios internos se enciende también la luz de la conciencia, gracias a que se acaba de prender en el otro.

■ *ABANDONO*

El abandono consciente a la Voluntad es un vaciarse por completo para ser llenado.

Es un salto de fe que se produce internamente después de haber decidido darlo. Nada que ver con la actitud pasiva o con el dejarse llevar por la inercia.

Primero se toma la decisión de hacerlo y después se pone todo en manos de Dios, la providencia, el poder del Amor o las corrientes de la vida, según el término que más le guste a cada uno.

El abandono lleva implícito dos actitudes: la confianza y la aceptación. Se trata de una certeza íntima de que, pase lo que pase, suceda lo que suceda, siempre será lo mejor que tiene que ocurrir. Y que nada ni nadie puede vulnerar, dañar o cambiar nuestra íntima naturaleza de portadores de la luz. Ninguna de las cosas que pertenecen al mundo puede siquiera rozar la conciencia del ser, la eterna presencia del «sí mismo» que está en cada uno de nosotros.

El abandono consciente es poner en manos de Dios nuestro destino, seguros y confiados en que al elegir el «hágase tu voluntad», estamos haciendo la mejor elección posible, porque permitimos que esa voluntad divina actúe, renunciando, por nuestra parte a crear interferencias. Ahí la conexión con la Fuente se establece; en ese instante de eternidad, lo divino puede actuar en nosotros. Los pensamientos, los juicios, las valoraciones se disuelven instantáneamente y se pasa a la *acción sin acción*.

Somos la acción: la unión mística se ha producido, a través de la entrega voluntaria de todo lo que no nos pertenece, y con la recuperación de aquello que sí es auténticamente nuestro.

El salto de fe no necesariamente ha de realizarse cuando estamos al límite de una situación extrema; pero generalmente debemos ver el abismo a nuestro pies, antes de elegir el abandono como último recurso. El entrenamiento progresivo en la aceptación sincera de la voluntad divina como algo que nunca nos defraudará, debería ser una práctica frecuente en nuestras vidas. Al igual que el deseo de alcanzar, cuantas más veces mejor, lo que los orientales llaman «el espíritu de la Mente Vacía». Un estado de conciencia donde la resistencia no existe, donde la aceptación es total, donde la integración se hace real. La mente está completamente abierta, en libertad, y percibe todo sin distorsionarlo ni aprehenderlo. Desde ahí, no es posible distinguir entre el yo y los otros, entre lo exterior y lo interior, porque todo es uno y la armonía es perfecta. El encuentro se ha producido.

> Quedéme y olvidéme,
> el rostro recliné sobre el Amado.
> Cesó todo, y entreguéme
> dejando mi cuidado
> entre azucenas olvidado.

La fusión con el Amado que describió San Juan de la Cruz en estos versos es la aspiración eterna del alma humana.

Para que sea colmada, hay que internarse por la vía inexplorada de la inteligencia del corazón. En este espacio, la meta es lo mismo que el camino, como el jugador es el juego, y la búsqueda lleva contenida en sí misma el encuentro. Igual que la pregunta formulada con atención, y desde la intención correcta, provoca la aparición sincrónica de la respuesta.

El abandono es la entrega voluntaria y absoluta que el alma hace de sí misma a Dios. Es un vaciarse para ser llenado. Es dejar algo para encontrarlo todo. Es olvidar para que el recuerdo aflore. Es renunciar para recobrar todos los derechos. Es optar por el desamparo completo y, de pronto, saberse acogido por Quien siempre estuvo contigo y conmigo.

Paradojas. Siempre aparecen paradojas cuando uno elige ir al encuentro del poder del Amor. Y puede que las paradojas sean verdades puestas boca abajo para despertar nuestra atención. En lo más lúdico se encierra siempre el secreto de lo más serio.

Las llaves de la luz y del poder del Amor están escondidas en los lugares más sencillos, en las cosas más próximas, en lo más inocente. Sólo las encuentran quienes saben dónde buscarlas; a los soberbios y a los violentos jamás se les ocurriría buscar ahí.

Estas llaves tienen el código de acceso al juego divino en el que alguna vez participamos conscientemente; en ocasiones, este recuerdo se asoma tenuemente ante nuestros ojos, como una invitación a recobrar nuestra imagen verdadera, extraviada por el laberinto de espejos ocultos en todos y cada uno de los cuadros del tablero de juego por donde se mueve nuestra vida, y por los que nos movemos con actitudes de amnésicos que repiten, mecánicamente, una y otra vez los mismos movimientos.

Para despertar, no hay que aprender nada más. Sólo aceptar con alegría la invitación que la vida nos hace para entrar en el juego y abandonarse a la Voluntad que lo ha creado.

El Amor nos permite trascender el encierro de lo que somos en lo que parecemos.

Su percepción nos da alas para seguir la poderosa intuición que irresistiblemente nos conduce a la fusión. Disolverse en el Amado es el anhelo más íntimo.

Amar es recuperar el camino de retorno que nos devuelve al hogar cósmico que alguna vez abandonamos.

Comenzábamos este libro hablando de montar en bicicleta. Una metáfora sencilla para sugerir una forma menos rígida y más armónica de movernos por el tablero de nuestro juego vital.

Si quieres volver a montar en bicicleta, aunque nunca lo hayas intentado o creas que han pasado demasiados años desde la última vez, ocúpate de disolver todo lo que te estorba el movimiento para que puedas recobrar lo esencial, que es mantener el equilibrio y avanzar, disfrutando con el paisaje que la vida va desplegando a nuestro alrededor y experimentando la inefable certeza de que estamos llegando a nuestro destino.

Ésa es la esencia del viaje interior que nos conecta con el poder del Amor y que puede comenzar, si así lo deseas, en cualquier instante, incluso ahora mismo.

■ ACTITUD INTERIOR

La séptima de estas claves es también la primera. Es la suma de todas ellas y, a la vez, constituye el punto de partida para que surjan las demás. Es principio y fin. La actitud interior adecuada es la llave maestra que abre las puertas de nuestro corazón para permitir que el encuentro con el Amor se produzca. Todos llevamos dentro una mezcla de luz y de sombra, y elegir situarnos internamente en nuestra parte más luminosa nos conecta con todo aquello que está en la misma frecuencia. La acción siempre será la correcta. Quien actúa desde el odio, sintoniza con la carga de odio de los demás. Quien actúa desde el amor, extrae del otro su carga de amor. La actitud interior adecuada es un ejercicio de la propia libertad que nos simplifica la vida, clarifica los aconteceres y nos ayuda a fluir armoniosamente en las situaciones y circunstancias que nos toca vivir. El mejor aliado para cultivarla es el silencio interior: desde ese espacio callado y sereno podemos conectarnos con la parte sustancial de nuestro ser, dejando a un lado los enredos de la mente.

NOTAS PERSONALES

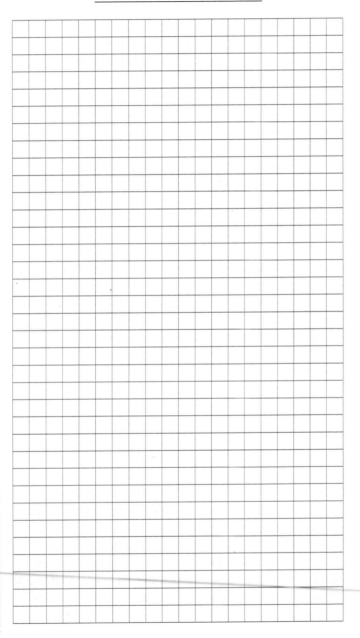

Epílogo

9

*(De recomendable lectura para quien ter-
minó de leer este libro y, especialmente, para
el lector que aún no ha comenzado a hacerlo.)*

Si perteneces al tipo de lectores que comienzan a
leer un libro por el final, este epílogo puede serte de
utilidad al resumir de lo que trata y de lo que no trata
esta obra.

Este libro es una propuesta lúdica para conectar
con la fuerza universal del poder del Amor, una invitación personal para incorporarlo al espacio de lo cotidiano.

Aquí no encontrarás nada que se refiera a los «amores» (las relaciones entre personas que se sienten bajo
el influjo de la atracción que mueve el sexo), ni tampoco nada acerca del «hamor», esa forma superficial
de entender lo sentimental y lo emocional, que se
ofrece como sucedáneo de la auténtica vivencia. De
ahí la «hache» añadida, para expresar gráficamente
todo lo que sobra, todo lo que se añade sin aportar
nada de sustancia.

Como decía San Agustín, lo que el enamorado ama
es el amor mismo. Cada amor humano es un reflejo del
amor divino, un destello más o menos intenso de *recuerdo* que nos hace anhelar el reencuentro con el todo.

La mayúscula que empleamos a lo largo del texto al referirnos al Amor, se justifica porque sugiere que aludimos a esa fuerza universal que trasciende la esfera de los sentimientos y mantiene el mundo sobre su eje y a los universos en constante evolución. El Amor es inexpresable con palabras. Rebasa cualquier intento de definición y de análisis. Sólo puede abordarse desde el interior de cada uno, a través de la experimentación personal.

El Amor es una ley cósmica que también a nosotros nos mantiene unidos a nuestro propio eje vital, por más vueltas que dé la vida. Saber de qué manera podemos incorporarla, conscientemente, a nuestro día a día, es el objetivo de estas páginas. Para alejarnos del sufrimiento innecesario y de la adormecida forma de percibir que distorsiona la luminosa esencia de lo real.

El propósito no es *saber más,* sino *comprender más.* Se trata de ampliar los horizontes internos, no de almacenar más conocimientos que no nos ayudan a vivir mejor y, por tanto, son inútiles. La propuesta es rescatar la inocencia, la curiosidad, las ganas de ver las cosas de otra manera. La invitación es a crecer internamente con todas y cada una de las experiencias que cada persona tiene que pasar, sean éstas grandes o pequeñas, alegres o dolorosas.

A través de la información, ampliamos la comprensión.

Ya hemos dicho que la información es luz en su más alta expresión.

Estas páginas ofrecen una porción de entramado vital; quieren ser un espejo sobre el que aparecen retazos de vida. Con ellas podemos sonreír, reflexionar y compartir. Pero, sobre todo, animan a que uno mismo se abra a la posibilidad de contemplar lo que le sucede «de otra manera», situándose internamente en otras perspectivas que rompan con los moldes que la costumbre mental impone.

Dentro del marco general de la obra, se incluyen diversos relatos, algunos muy heterodoxos. Se combinan entre sí narraciones de la tradición oral de todas las culturas, chistes contemporáneos, anécdotas reales, cuentos de la sabiduría popular que peregrinan de un tiempo a otro... Todo ello mezclado con las enseñanzas de la más pura y auténtica tradición espiritual planetaria, que nos encontramos siempre que nos acercamos a la raíz de las religiones o de las grandes corrientes filosóficas de la humanidad.

Se trata de un mosaico variopinto y algo irreverente. En realidad, es una invitación a tomar parte en el juego de la vida, observando que existen múltiples jugadas, infinitas combinaciones. No podría ser de otra manera, cuando se pretende extraer una muestra del tejido de la vida que, todos lo sabemos, está construido con los más diversos materiales.

El contenido formal de este libro es parecido al juego de las cajas chinas. Ya sabes, esos recipientes que se encajan unos dentro de otros, hasta llegar a una sucesión que va de lo grande a lo pequeño, de lo pequeño a lo grande. Otra versión de este antiquísimo juguete son las muñecas rusas, que se abren y dentro tienen otra muñeca, y otra, y otra..., todas parecidas, pero diferentes; todas distintas, pero hechas de la misma pasta. Todo está en todo. Pero la atención es selectiva. De hacia donde dirigimos la mirada depende lo que vemos.

El universo está lleno de señales, de signos y de guiños. Cuanto más limpios están los cristales de nuestras gafas mentales, mejor percibimos estos códigos sutilmente cifrados que la vida nos ofrece a diario. Son llamadas al despertar, al cambio, al crecimiento interior. Un material utilísimo para el buscador que quiere encontrar, y que la vida nos regala generosamente y de forma constante. De nosotros depende el incorporar activamente esos mensajes. Sólo desde la experiencia personal puede producirse el encuentro con lo buscado. El sentido común, el discernimiento y el buen humor son los mejores aliados en esta ruta vital.

La intención con que se ha escrito este libro es despertar la *inteligencia del corazón* de los lectores que se aventuren por estas páginas. Estamos viviendo tiempos especiales y nos adentramos en nuevos rumbos que apenas sí percibimos como un aleteo suave y anónimo que dibuja intuidos horizontes. Llegar hasta lo real no es un camino fácil, pero tampoco es tan difícil como se empeñan en hacernos creer.

Este epílogo, que es introducción para los lectores acostumbrados a comenzar un libro por el final, incluye también un agradecimiento para aquellos que hayan comenzado por las primeras páginas y han llegado hasta aquí.

Quizá el contenido de este libro les haya servido de trampolín personal para iniciarse en el juego más trascendente: hacer de la vida un arte y disfrutar con ello, independientemente de cuáles sean las coordenadas vitales de cada uno. Esto es posible si somos capaces, todos, de conectar *el vivir con el poder del Amor.*

A unos y a otros, recordarles que seguimos jugando juntos. Somos muchos los que hemos elegido el mismo juego de recuperar la inocencia sin piruetas mentales, y de incorporarla a la trama de las experiencias vividas, sean las que sean. *Desaprender* es algo parecido a ir quitándole capas y capas a una cebolla, hasta llegar a su corazón más puro.

Recuerda, querido lector, que nos internamos juntos en el entramado rico y variado de la vida. Una sustancia dúctil, diversa y a veces contradictoria, de la que aquí sólo está contenida una parte infinitesimal. Pero si leyendo estas páginas sientes que algo se conecta dentro de ti, cobra sentido y se ilumina con la luz de la conciencia, algo importante se está produciendo.

Cuando permitimos que el poder del Amor entre en el espacio de lo cotidiano, se abren las puertas a los milagros.

La autora ha producido varias cintas de casete que amplían y desarrollan los contenidos de sus libros publicados por la Editorial Edaf.

Se trata de cuidados trabajos donde se proponen ejercicios prácticos para el crecimiento interior, acompañados de música original.

Si desea recibir información sobre estas cintas, puede escribir a:

Apartado 389
28220 MAJADAHONDA (Madrid)

También puede llamar al teléfono (91) 683 90 38.

Estaremos encantados de ofrecerle toda la información que nos solicite.